Carlos Leáñez Aristimuño

Por qué el futuro es hispano

Poder global de la hispanidad a través de la población, la lengua y el ciberespacio

SEKOTIA

SEKOTIA
www.sekotia.com
@sekotia

Primera edición: mayo de 2025

Sekotia • Colección Reflejos de Actualidad
Editor: Humberto Pérez-Tomé Román
Maquetación y corrección: Helena Montané

info@almuzaralibros.com
Parque Logístico de Córdoba. Ctra. Palma del Río, km 4
C/8, Nave L2, nº 3. 14005 - Córdoba

Imprime: Gráficas La Paz
ISBN: 978-84-19979-72-8
Depósito legal: CO-839-2025
Hecho e impreso en España - *Made and printed in Spain*

A Carlos Leáñez Sievert, mi humana roca.
A Philippe Rossillon, mi maestro en lengua y poder.

Dos principios católico-romanos me resultan admirables
y los comparto sin titubeo, a saber:
que todos los seres humanos son hijos de Dios, si lo hubiera,
y que están dotados de libre albedrío.

María Elvira Roca Barea

Juzgo importante la conservación de la lengua de nuestros padres
en su posible pureza, como un medio providencial de comunicación
y un vínculo de fraternidad entre las varias naciones de origen
español derramadas sobre los dos continentes.

Andrés Bello

Saber que procedemos de una gente que se batió con los tres océanos
nos defiende de la tentación de acostumbrarse a una charca.

Adelaida Sagarra

ÍNDICE

Prólogo
Hispanidad: la lengua como eje de un futuro promisorio

«Queda la lengua materna»

Hannah Arendt (1964), respondiendo
a Günter Gauss al preguntar este
qué queda tras el horror nazi.

«En Hispanoamérica somos víctimas de un relato que es completamente falso... ¡y muy peligroso!». Con esta frase, que resuena ya en la conciencia de muchos amantes de la Hispanidad, se inicia la película *Hispanoamérica, canto de vida y esperanza*, de José Luis López-Linares. Evidentemente, en esta decisión del director no hay ninguna casualidad. Con elegante precisión, la oración enuncia y condensa en sí misma la esencia de este magnífico largometraje. La formulación, además, se ve potenciada con el efecto que ejercen la voz incisiva de su autor y la cadencia particular que este le imprime a sus palabras. En este sentido, es llamativo que el correlato visual ofrecido por López-Linares sea el de un río que se abre paso en medio de la jungla, conduciéndonos sigilosamente hacia lo remoto y lo desconocido. Desde el comienzo queda planteada así toda la gravedad del tema, mientras se siembra una profunda expectativa con respecto a lo que viene a continuación.

Puedo decir con orgullo que el autor de esa frase ya célebre es mi gran amigo, el profesor Carlos Leáñez Aristimuño. En ella se reconocen todos los rasgos característicos de su estilo particular, plasmado por igual a lo largo de sus textos y conferencias. Muchas veces he podido constatar el efecto que su estilo singular es capaz de ejercer ante nutridos auditorios. Carlos Leáñez sabe expresar lo profundo y significativo con sencillez y brevedad, dotando de color y textura lo que de otro modo podría resultar árido y opaco. Se vale, para ello, no solo de un gran manejo de los tiempos y las pausas, del énfasis y del humor, sino también de un sabio uso de las metáforas y las vivencias personales.

Detrás de esa panoplia de recursos discursivos subyace el hábito y el ojo experto del buen lingüista. Leáñez comprende a cabalidad el poder performativo que las palabras ejercen sobre los seres humanos y lo emplea con maestría. Acostumbra hurgar en cada vocablo, diseccionándolo para extraer de allí novedosas líneas de significado. En otras palabras, analiza, reflexiona, piensa. Desarma y rearma los edificios lógicos sobre los que solemos discurrir de modo inadvertido. A partir de esa base, y mediante referencias constantes a vivencias concretas experimentadas en el mundo, nos plantea una nueva manera de entenderlo. De ahí ese eureka que muchas veces he visto reflejarse en los rostros de quienes lo leen o escuchan; esa sensación de que ante ellos siempre hubo una realidad otra a la que previamente no habían tenido acceso.

Pero nada son los conocimientos, capacidad y estilo personales si no cuentan con un objeto que fije su atención, sin una pasión que los motorice. Los afectos más profundos han llevado a nuestro autor a concentrar sus talentos en el estudio, defensa y promoción de la Hispanidad. Desde su Venezuela natal, reconoce su hogar en cada rincón de ese inmenso continente que es la lengua española. Recordemos que, para los antiguos griegos, padres de la civilización occidental de la que la Hispanidad es una frondosa rama, la polis era aquel topos específico regido por un logos concreto; el territorio en el que la razón humana, materializada en palabras, le permite al ser humano levantar un universo dotado de sentido frente al caos exterior. En concordancia con lo anterior, Leáñez examina y defiende la polis panhispánica desde los cimientos de su lengua común.

De todos los pilares que han sustentado alguna vez la unidad panhispánica (la fe católica, la corona, las leyes comunes, la unión monetaria, etc.), la más profunda y enraizada de todas; la que mejor ha resistido los embates extranjeros y las pulsiones suicidas; la que ha preservado mejor la Hispanidad porque opera desde un estrato previo a la conciencia es la lengua española. Se ha mantenido allí, regularmente empleada pero en el fondo inaccesible para quienes, en vez de pensar, suelen discurrir a través de fórmulas importadas y prefabricadas (práctica asidua y recurrente, por desgracia, entre nuestras élites). La Hispanidad sigue siendo un hecho colosal, a menudo contra sí misma, gracias a su lengua; esa lengua que opera como una buena madre que vela por la vida de sus hijos aún inmaduros, inconscientes todavía del tesoro que en suerte heredan.

Como hispanista devoto y lingüista consumado, Leáñez conoce, aprecia y se maneja con soltura en varias lenguas europeas, pero al mismo tiempo, sin que medie en ello contradicción alguna y precisamente por ello, defiende la nuestra con pasión y fundamento. Así como su compatriota Andrés Bello —venezolano por nacimiento, chileno por adopción e hispanoamericano por herencia y convicción— se aferró a nuestra unidad lingüística como último e inexpugnable reducto para eludir la fragmentación total del imperio común, Leáñez propone ahora convertirla en el pilar para una ofensiva civilizacional.

Una ofensiva que, tal como nos explica nuestro autor, solo será posible tras experimentar una necesaria anagnórisis; ese (re) conocimiento de sí, esa comprensión de la propia grandeza a la que solo podremos acceder al identificarnos con la dimensión panhispánica que hoy custodia, de forma tan inadvertida como solitaria, el insólito vigor de nuestra lengua común. Anagnórisis que a su vez requiere la victoria de esa fuerza común sobre los pequeños intereses de élites parroquianas; los ánimos apocados de quienes no han sido enseñados a pensar en grande; la ignorancia insulsa del idiota que vive ajeno a las dinámicas que lo dominan; y las agendas externas que operan sigilosamente al abrigo de la subordinación cultural disfrazada de prestigio social.

Leáñez observa que esa reacción está en marcha, por etapas, a través de lo que llama la rebelión hispanista en curso. Una rebelión encabezada por un puñado de autores y divulgadores que, sin embargo, crece sin cesar, y que hoy afronta su oportunidad dorada, en un mundo en el que las principales distancias no son ya temporales ni geográficas, sino culturales e idiomáticas. En ese mundo nuevo que emerge con toda celeridad, dominado por las dinámicas que imponen la interconexión permanente y la inteligencia artificial, el continente de la lengua española enfrenta retos y oportunidades de las que solo saldrá airoso si la Hispanidad cobra plena conciencia de sí, y si se decide a plantarles cara unida, como bloque civilizacional firmemente articulado en torno a su lengua común.

Es importante, además, señalar que Leáñez es un venezolano del último entresiglo. Su vida, como la de tantos compatriotas nuestros que a menudo dicen «venir del futuro», está marcada por el drama de la destrucción absurda y total a la que nos pueden arrastrar no las guerras, no los desastres naturales, sino las ideas aviesas y las voluntades torvas. Ideas y voluntades que en el seno de la Hispanidad suelen seguir, invariablemente y al pie de la letra, las patrañas forjadas al calor de la leyenda negra antiespañola. Siglos después, esas patrañas nos siguen arrastrando al odio pueril, a la vergüenza absurda, al acomplejamiento lacerante, injustificado y vengativo. La Venezuela de este primer cuarto de siglo es, por desgracia, una muestra de los desvíos y peligros que le aguardan a cada hispano, a la vuelta de la esquina, como no seamos todos capaces de rescatar una visión común y equilibrada de nuestro pasado, apta para entender quiénes somos en realidad y las enormes potencialidades que tenemos aún por desarrollar.

Leáñez forma parte de la vanguardia que avanza indetenible en ese rescate del hispanismo. Aporta elementos de juicio imprescindibles en un ámbito crucial como es el de la lengua, en el que ha venido reflexionando durante décadas. En este libro, y con su acostumbrada elocuencia, nos ofrece sus mejores recursos y argumentos para ayudarnos a comprender el hecho inmenso de la Hispanidad, el valor colosal de su lengua común, la naturaleza de los retos que afrontamos en el mundo de hoy, y las grandes oportunidades que podemos aprovechar si nos decidimos a actuar conjuntamente.

Y lo hace con el mayor de los optimismos. Para Leáñez, el futuro es hispano porque entiende y confía en el potencial gigantesco de la lengua española. En ese gran buque que es nuestra realidad panhispánica, la lengua lo es hoy casi todo. Es casco que contiene; velamen que se hincha y propulsa; mástil que sostiene las velas, y timón que marca la dirección. Solo hacen falta tripulación y gobierno dotados de ánimo y visión, con el corazón henchido de bravura y ambición, dispuestos a emprender una travesía que los lleve a descubrir y levantar nuevos continentes. Sopla el viento de popa. Es hora de soltar lastre y cortar amarras.

Miguel Ángel Martínez Meucci*
Madrid, 16 de marzo de 2025

* Dr. en Conflicto Político y Procesos de Pacificación por la Universidad Complutense de Madrid. Politólogo y consultor político, ha sido profesor en diversas universidades de Hispanoamérica.

Nosotros, los hispanos

A finales de los setenta del siglo pasado vivía yo en Alemania, en la primorosa ciudad de Friburgo de Brisgovia, lejos de mi Caracas natal. Todos los días almorzaba en el muy funcional e industrial comedor universitario. Una vez depositada la bandeja sobre la cinta transportadora que llevaba platos y cubiertos a un lavado automático fascinante, se abría para los estudiantes una bifurcación: cafetería o salida. Con frecuencia optaba por la primera. Era una cafetería bulliciosa, grande, informal y llena de humo de cigarrillos. La mayoría de la gente —alemanes— estaba en mesas aisladas o en la barra. Pero, hacia un extremo, había casi siempre un reagrupamiento de mesas y sillas del que emanaban carcajadas, apiñamiento, voz alta, mucho contacto físico. Allí había de todo —mexicanos, uruguayos, peruanos, españoles, colombianos...— con tal de que hablase español. Era un recodo de afecto, solidaridad, nostalgias y una suerte de ejercicio constante de comparaciones en donde con frecuencia el tema era la sorpresa que nos causaba el modo de ser alemán. Es decir, ellos, una cosa; nosotros, otra. Ellos, los alemanes; nosotros, los hispanos.

Cuando estamos ante los otros, como en esa cafetería alemana, queda claro que somos un *nosotros*; cuando estamos entre nosotros, queda claro que somos argentinos, salvadoreños, venezolanos; cuando estamos entre venezolanos, queda claro que somos orientales, maracuchos, andinos, caraqueños; cuando estamos entre caraqueños... y así podemos subdividir adscripciones hasta llegar a cada individuo en concreto. Cada persona se mueve a todos los niveles, desde la humanidad, que a todos nos contiene, hasta, pasando por toda una serie de instancias intermedias, su individualidad irreductible. Pero la humanidad no es un idílico paraíso: es un terreno de tensiones en el que grupos y entidades de todo tipo se despliegan para ser más poderosos que otros, buscando con frecuencia dominar, o peor, eliminar a los otros. Es decir, la hispánica mesa de la cafetería en Alemania, esa casa grande común, podría desaparecer a manos de esos grupos. Cabe entonces preguntarse: ¿podemos los hispanohablantes en modo archipiélago hacer frente a los retos de la globalización sin correr el riesgo de que nuestros rasgos se evaporen, sin que, dolorosamente, veamos cómo se desfigura nuestra lengua, se desdibujan nuestras costumbres, se alejan los referentes de todo tipo que articulan nuestras vidas? Separados nunca. Debemos arrimarnos al más grande paraguas común disponible —el nosotros de la mesa en Alemania— para ser fuertes ante los gigantes e impedirles que sigan condicionando el timón de nuestra nave, manteniéndonos en coordenadas de fragmentación, subordinación y alienación; arrinconándonos en una periferia de hostelería, materias primas y maquila.

Por encima de cada uno de nuestros países y antes de diluirnos en la humanidad toda, está nuestro nivel óptimo de inserción en el mundo: la civilización hispánica. Óptimo porque en él estamos ante un *grupo inmenso* —500 millones— con *rasgos básicos comunes* absolutamente tangibles —lengua española, historia y tradiciones compartidas, una cultura de base católica— que crean unas coordenadas —específicas y comunes— lingüísticas, religiosas, políticas, familiares y relacionales que generan una manera distinta de estar en el mundo. Dada la potencia que implica nuestro gigantesco tamaño y extraordinario legado cultural, si logramos reajustarnos y operar razonablemente unidos ante el mundo, *podemos encontrarnos entre las culturas que generan lo nuevo y se adaptan a los cambios sin perder su rostro en el camino.* Pero los hispanohablantes vivimos sumidos en relatos inhabilitantes que —desde comienzos del siglo XIX y hasta hoy—nos mantienen irresolutos, desatinados y claramente dispersos. Y no solo eso: a coro con el resto de Occidente, ha cundido también entre nosotros, ya en el siglo XXI, una posmodernidad gaseosa y nihilista alérgica a todo lo que huela a grandeza. La plaza del pueblo y la subjetividad radical parecen ser los nuevos —y únicos— horizontes lícitos e imaginables.

Pero surgen en el horizonte signos robustos que envían señales de detección, tanto de los relatos inhabilitantes, como del nihilismo. También de sus lamentables consecuencias. Lo que antes era vivido como una condición real permanente es hoy percibido por muchos como una condicionante improbable e inducida que puede —y debe— ser combatida. Y, en efecto, lo está siendo: ha surgido una auténtica rebelión de hispanistas, divulgadores, escritores, documentalistas, asociaciones, yutuberos y otros que está generando un contraflujo de opinión que mucho nos ocupará en las líneas siguientes. No, no somos estandartes de la maldad, el atraso y la irracionalidad.

Los hispanos somos esa porción de Occidente que, de verse a sí misma con nitidez, será clave para proponer una alternativa civilizacional que supere los darwinismos, nihilismos, colectivismos, relativismos, totalitarismos y fundamentalismos que arrinconan al mundo. Hemos simplemente de, por un lado, reconectar —actualizándola— con nuestra grandeza histórica olvidada de amplísimos horizontes y ejecutorias, y, por otro lado, percibir cabalmente nuestro increíble potencial actual, hoy desperdiciado. Pasaremos entonces de la periferia al centro, de la subordinación al liderazgo, del victimismo al protagonismo, de la impotencia a la fuerza, de la dispersión a la unidad, de la alienación a la autenticidad, de la vergüenza al orgullo, del resentimiento a la gratitud.

La plenitud hispana es factible como nunca antes y es lo que busca hacer evidente este libro.

El futuro será hispano.

INDISPENSABLE: UNA APRECIACIÓN JUSTA DE LO HISPÁNICO

¿PERDÓN? NO, GRACIAS

Corría el año 1969. La mañana era fría y débiles los rayos del sol. Rabioso, me hallaba a mis once años ante las puertas de una escuela desconocida, muy lejos de mi natal Venezuela, luminosa y tropical. Era mi primer día de clases en Suiza. Solo sabía decir que no hablaba francés, que hablaba español: «*Ye ne parle pa francé, ye parle español*». Tal como se lee lo decía, sin el más mínimo esfuerzo de pronunciación. Quería que se notase de entrada que yo no era de Ginebra, que yo venía de lejos, que estaba allí a disgusto, que mi pertenencia era solar e hispanohablante. Apreté los puños y entré. El viento frío soplaba en mi cara. Unas hojas caídas formaban remolinos en un patio donde niños comedidos jugaban juegos que no entendía y hablaban un idioma por completo ajeno. Cerré los ojos y pensé con una sonrisa en mis amigos revoltosos corriendo en un patio ruidoso y fresco en la temprana mañana caraqueña. De repente, mi ensoñación fue interrumpida por un dedo insistente que punzaba mi hombro izquierdo. Entreabrí los párpados y distinguí, en el patio ahora desierto, un rostro de mujer algo inquieto, pero sonriente. Me interrogaba: «¿Carlós? ¿Carlós?». Ese, y no Carlos, habría de ser mi nombre en aquellas tierras: Carlós. La miré, confundido. Le dije: «*Ye ne parle pa francé, ye parle español*». Ella asintió, me tomó de la mano y me llevó a un salón de clases en una casa que me pareció antiquísima. Allí se encontraban quienes habrían de ser mis compañeros y mi maestra, *mademoiselle* Travaletti, un dechado de paciencia, sabiduría y bondad. Me asignaron un puesto detrás de un escritorio —no eran pupitres— que compartía con un pecoso insoportable. Estaban pasando la lista. Entre la letanía de nombres indescifrables, me pareció distinguir uno que debía corresponder a alguien que seguramente hablaba español: Jorge. Era bajito —yo le llevaba casi dos cabezas—, flaco, de rostro enjuto, cabellos castaños lisos, cortados a lo Juana de Arco, y ojos de un marrón rotundamente oscuro. Su piel era algo menos clara que la del resto y su vestimenta algo más modesta, más gastada, una que quizás había pasado de hermano a hermano hasta llegar a él. Lo miré fijamente y decidí interrogarlo en el recreo. Llegado el momento, le pregunté: «¿Tú hablas español?». Respondió: «Sí».

El desprevenido lector pensará que la declaración de Jorge me llenó de dicha. ¡Alguien con quien hablar mi idioma en aquellos inhóspitos parajes! ¡Un amigo! Nada más alejado de lo que ocurrió esos primeros días. Jorge, sí, hablaba español. Pero el problema es que, apenas abrió la boca, me di cuenta de que *era* español: distinguí esas eses viciosas, esas zetas escupientes, esas jotas ásperas… *Decidí entonces que Jorge no podía ser mi amigo si no pedía perdón* y procedí a exigírselo —con toda firmeza— de inmediato. Sus ojos me miraron atónitos y algo temerosos —recordemos que le llevaba dos cabezas—. Pero se sacudió y osó decir: «¿Por qué?». Imaginando que con esto quedaría todo aclarado, dije solemnemente: «Soy de Venezuela, cuna del Libertador, Simón Bolívar». Y ocurrió lo para mí inimaginable: Jorge no sabía qué era Venezuela, algo que de por sí me resultaba insólito, pero… ¡no saber quién había sido Simón Bolívar era sencillamente imposible! Sumariamente, aclaré: «Ustedes vinieron hace siglos a América y se dedicaron a matar, robar, abusar, destruir. Éramos sus esclavos hasta que llegó Simón Bolívar, el Libertador. Él les montó una guerra y los devolvió a España, de donde nunca han debido salir. ¡Pide perdón!». Jorge ladeó la cabeza y algo inquieto —no sé si por miedo o por dudas respecto a mi sanidad mental— me preguntó, tocando con el índice su sien derecha: «¿Estás loco?».

El lector —sobre todo si es español peninsular— se preguntará cómo llega una tierna criatura a tal grado de desatino y fanatismo. Y va mal encaminado si piensa que la respuesta se halla en la familia. ¡Qué va! Mi mamá era de corridas de toros, castañuelas y vino en bota. Misa los domingos, rosarios en semana, velas prendidas a la Virgen y a Jesús en un rincón de su cuarto. Montaba fiestas flamencas —que llamaba «despiporres»— en las que recibía vestida de bailaora fingiendo habla andaluza. No perdía una zarzuela que pasase por Caracas y oía música española en casa. Sin saberlo, era una española con acento caribe... Mi papá: un intelectual, un hombre de razón embebido de luces, un profesor, un bibliófilo. Sometía todo a escrutinio, ponía todo en perspectivas largas y comparadas. De una casa así, mal podían brotar mis fanáticas indignaciones antihispanas. ¿De dónde, entonces?

Los manuales escolares, las calles, las lecciones, las plazas, los chistes, los escritos, los programas, las obras, los proyectos... ¡mucho exuda un menosprecio —cuando no un odio— a lo hispánico en Hispanoamérica! Es el aire que respiramos y, como tal, pasa desapercibido como crudo montaje, es tomado como palmaria realidad. Ese aire glorifica a unos indígenas que jamás existieron como ángeles y estigmatiza a unos españoles que jamás existieron como demonios, cubriéndonos de resentimiento y vergüenza. ¿En beneficio de quién? De quienes promovieron una secesión cuyo saldo ha sido la fragmentación, la subordinación y la alienación que nos impiden —por considerarnos indignos o incapaces— actuar desde nuestra plenitud.

Es indispensable una apreciación justa de lo hispánico para entrar —con la talla, la musculatura y las actitudes requeridas— en la arena mundial. Para ello es crucial desmontar las ataduras y lastres que nos colocan en laberintos sin salida, ver que no somos viles depredadores o víctimas inermes, sino fundadores de un pueblo nuevo, lleno de vitalidad y alegría, pleno de ejecutorias asombrosas mientras estuvo junto.

Imaginemos por un instante que el pasado nos hubiese sido contado desde la apreciación justa de la historia común. Jorge y yo habríamos sido amigos de inmediato y nos habríamos encontrado en un mundo donde lo hispano sería un factor de poder respetado.

Pues bien, veamos antes que nada la falsedad de lo inhabilitante para irnos moviendo poco a poco hacia la apreciación justa desde estas primeras páginas. Cuando se disipe la niebla que nos pierde, se abrirá el horizonte magnífico que nos hemos dejado escamotear.

1492: ESPAÑA ACABA CON EL AISLAMIENTO AMERICANO

El *Homo sapiens* —el humano que somos todos— aparece en África hace unos 200 000 años. 130 000 años después forja el arma de colaboración colectiva más eficaz que haya existido: el lenguaje abstracto. Se posesiona así *sapiens* de signos compartidos que le permiten ir más allá del mundo de objetos tangibles y pulsiones inmediatas: puede imaginar el futuro, contar el pasado, trazar estrategias, generar mitos, concebir teorías. Con este instrumento —letal para quien se le oponga sin poseerlo— genera formas de organización que sacan del juego a los neandertales, alteran en profundidad el medio ambiente y conquistan Eurasia. En ese inmenso territorio, cohesionado paulatinamente por unidades políticas cada vez mayores, se dan infinidad de intercambios en anchas latitudes de clima relativamente benigno. Ello permite extrapolar experiencias entre sitios distantes. El hombre que emerge de este ancho hervidero es rico en aprendizajes fecundos, marcos mentales amplios e incluso se hace con un dilatado espectro inmunológico. Despega, por lo tanto, cultural, económica, política y tecnológicamente... dejando muy atrás —aunque todavía lo ignoran— a los *sapiens* que habían quedado «aislados» en América y Australia.

América es colonizada hace apenas unos 18 000 años: *el hombre americano tiene unos 50 000 años menos de experiencia que su par afroeurasiático.* Por otra parte, *sapiens* se enfrenta en el nuevo continente a un territorio que se despliega longitudinalmente y en muy diversos relieves, una tierra que posee multitud de climas y obstáculos geográficos muy difíciles de salvar: los aprendizajes locales no se pueden extrapolar y no es posible realizar intercambios con la misma facilidad que en Afroeurasia. Todo ello ocasiona que las expansiones y conquistas que se daban en América se desplegaran en radios que no podían ir más allá de relativamente pequeñas porciones del propio continente. En efecto, los conquistadores autóctonos —caribes, mexicas e incas, entre otros— no poseían ni la tecnología ni las teorías que les hubiesen facilitado ir más allá de los pueblos y territorios que sometieron. Nadie duda de su ímpetu y voluntad, pero no poseían los medios para llegar lejos. El extremo occidental de Europa y China, sí. Tomaron la delantera los europeos: ponían la vista más en el horizonte marítimo que en las riberas fluviales.

El 12 de octubre de 1492 comienza la reconexión global de *sapiens.* Implicó muchas muertes: el hombre americano había permanecido 13 000 años prácticamente separado del inmenso hervidero de gérmenes afroeuroasiático. Así, muchos agentes patógenos portados por los europeos resultaban totalmente nuevos en América. Por ello, el mero contacto con los recién llegados —o con sus animales— ocasionó olas de viruela, gripe, sarampión y otras enfermedades en el nuevo continente que produjeron *la* reducción substancial de la población indígena indefensa que se dio en los momentos iniciales. Enfatizo el artículo: *la.* Los castellanos no tenían razones políticas, económicas o religiosas para proceder a un exterminio. En efecto, la Corona deseaba e impulsaba el mestizaje; la Iglesia, la cristianización de las almas y el puñado de colonos-conquistadores necesitaba brazos para las faenas y combates innumerables. Ciertamente, ocurrieron —de lado y lado— atrocidades, *pero no provenían de política o directiva general alguna*, sino, esencialmente, del fragor inherente a la fase inicial de todo fenómeno de adaptación y expansión.

CON EL IMPERIO ESPAÑOL NACE UN NUEVO PUEBLO

Los europeos que pisan la tierra americana en 1492 llegan bajo los auspicios de Castilla. Vienen animados por relatos de gloria, riqueza y salvación; cohabita en ellos tanto el coraje inaudito y la briosa ambición, como la generosidad y la entrega; poseen, además, marcos mentales y tecnologías adecuadas para vencer la resistencia autóctona y generar tras ello un nuevo orden político. Es lo que ocurre. Un puñado de europeos —en buena parte castellanos— logra reconocer geográfica, cultural y políticamente la vastedad americana —territorio fértil en aislamiento, conflictos y opresión—, y se inserta con inteligencia en una dinámica vertiginosa de alianzas locales, pactos y confrontaciones tras las cuales resultan dominantes. Este dominio sella el nacimiento de Hispanoamérica —una nueva cultura— e inaugura un orden imperial que consolida a España como primera potencia mundial y la lleva a su apogeo territorial.

Cuando se asientan los polvos tras la victoria castellana, algo resplandece con nitidez: los recién llegados han venido para reproducirse en todos los órdenes, desde lo biológico hasta lo cultural[1]. El todo sin suprimir al otro, sino integrándolo: se genera así una cultura mestiza en la que coexisten costumbres, len-

1 Los imperios contemporáneos al español son, en contraste, básicamente extractivos, se quedan en la costa. Y no se mezclan con los locales. En el caso de los ingleses, los relegan o exterminan.

guas y pueblos muy diversos unidos por un vínculo político —la Corona— relativamente laxo y otro, religioso —el catolicismo—, mucho más estrecho. Los castellanos, en efecto, ponen mucho más empeño en cristianizar que en hispanizar: cuando la batalla de Ayacucho cierra el ciclo imperial en tierra firme americana, apenas un treinta por ciento de la población habla español, pero prácticamente todas las almas se hallan bautizadas.

El orden imperial nos constituyó: *antes sencillamente no éramos.* Tal y como no éramos, como individuos, antes de que se uniesen nuestro padre y nuestra madre. Existían, claro, los ancestros, pero por separado. Por un lado, multitud de etnias americanas muy diferentes y con muy diversos grados de desarrollo y, por el otro, europeos enviados desde Castilla. Nacemos de esa forja mestiza inicial. Sin embargo, flota en el imaginario popular que los hispanoamericanos somos exclusivamente indígenas —santos— y, los castellanos, la otredad, los invasores —demonios—.

LA MORTAL AMPUTACIÓN DE LO HISPÁNICO EN AMÉRICA

Nadie disputa en los siglos XVI y XVII a España la hegemonía mundial: incluso Portugal y el actual Brasil llegan a estar bajo su dominio durante el reinado de Felipe II. El imperio se extiende ya hasta las Filipinas. Se acaricia la idea de una monarquía universal. Tiemblan las otras cortes europeas, incapaces de contrarrestar el poder español por medio de guerras frontales. De allí que tome especial relevancia la propaganda política por medio de panfletos ampliamente difundidos —poblados de ilustraciones falsas y aterradoras dirigidas a una población ampliamente analfabeta— en los que se presentaba a los españoles como una síntesis cabal de crueldad, atraso y fanatismo[2]. En diversas cocinas —italiana, holandesa, francesa, inglesa— se coció el caldo de cultivo que más ha aprovechado a los enemigos de lo hispánico: la leyenda negra antiespañola. Estos caldos fueron adaptados y puestos al día a finales del siglo XVIII y comienzos del XIX gracias al impulso de la élite blanca hispanoamericana, deseosa de una secesión que requería argumentos… o, en su defecto, simple y llana propaganda.

El buen manipulador de mitos o leyendas conoce muy bien el terreno que pisa, no le gusta y quiere transformarlo en su beneficio. Busca entonces generar el «clima de opinión» exagerando lo negativo, borrando lo positivo, distorsionando lo que convenga. Si ello en sí mismo no resulta suficiente para subvertir el orden aborrecido, ha de servir como justificación de la violencia —física o simbólica— que habrá de ser empleada. Mientras más firme se halle instalado el orden que se pretende subvertir, menos efectivos serán los cambios a través del «clima de opinión» y más feroz habrá de ser la aplicación de la violencia, incluso con ayuda externa.

2 La obra de fray Bartolomé de las Casas generalmente no era leída cuando surgió: la mayoría de la población europea de la época era analfabeta. En este contexto, las ilustraciones que acompañaban sus escritos —hechas por personas que jamás estuvieron en América— se convirtieron en instrumentos clave de propaganda: captaban la atención del grueso del público y provocaban horrorizadas reacciones emocionales inmediatas. Sin embargo, es importante destacar que muchas de estas imágenes, como las que mostraban a sacerdotes quemando indígenas, conquistadores arrojando bebés a los perros, o representaciones de torturas extremas, *no corresponden con lo que Las Casas describe en su texto.* Además, su obra ha sido objeto de un notable debate entre historiadores y estudiosos. En efecto, la *Brevísima relación de la destrucción de las Indias* ha sido criticada por la falta de especificidad en términos de fechas, lugares y nombres concretos de personas, lo cual lleva a cuestionar la veracidad de muchos de sus relatos. Se argumenta que, en su afán por resaltar atrocidades, Las Casas exageró ciertos incidentes o no proporcionó un contexto adecuado. En todo caso, esta obra tan cuestionable alimenta relatos esperpénticos que hemos dado por ciertos y que nos quebrantan seriamente como colectivo.

El pueblo llano de la América española —muy particularmente los indígenas— era de buen grado fiel a la Corona. No conocía este pueblo, en los albores del XIX, otro orden político. Era Hispanoamérica, además, uno de los sitios de vida menos dura en el globo: paz entre territorios, seguridad en los caminos, ausencia de epidemias, importantes universidades, alimentación adecuada y coexistencia de lo diverso arrojan como saldo lógico una prosperidad en alza y una demografía en plena expansión. El nuevo mundo hispánico superaba por mucho en todos los órdenes a las entonces escuálidas trece colonias de Norteamérica que habrían de dar paso a la primera potencia mundial del siglo XX. Superaba igualmente —con autonomía importante respecto a la capital del reino y substancial colaboración interterritorial americana— a la propia España peninsular, en plena crisis. Pero ello no valió de mucho: la élite blanca criolla, ansiosa de aún más poder, estaba dispuesta a la secesión y a pactar un nuevo orden con Inglaterra. Dado que la leyenda negra antiespañola no logró suficiente difusión ni asidero, la guerra civil de secesión hispanoamericana —nos parece inadecuado designarla como «de independencia»[3]— hubo de aplicar en algunos casos unas dosis de violencia física inaudita[4]. Sobre este desquiciamiento antropológico —portador de muerte y ruina para todos y que tornó a los indígenas en indigentes[5]— se montó la imposibilidad de eri-

3 El rótulo de «independencia» es uno puesto por los vencedores para su conveniencia: quien denomina domina. La palabra secesión es la que más se ajusta al fenómeno realmente ocurrido.

4 Un ejemplo claro lo constituye el Decreto de Guerra a Muerte de Simón Bolívar, expedido en 1813 en medio del fragor de la guerra de secesión: «Españoles y canarios, contad con la muerte, aun siendo indiferentes, si no obráis activamente en obsequio de la libertad de la América».

5 Un factor clave para entender esta entrada en la indigencia es que, tras la secesión, las nuevas repúblicas impulsaron políticas que resultaron en un despojo sistemático de las tierras indígenas. A través de leyes de reforma agraria, campañas militares de conquista y colonización, y la promoción de monocultivos como el café, los nuevos estados facilitaron la concentración de tierras en manos de terratenientes y colonos, privando a las comunidades originarias de sus territorios ancestrales. Este proceso, que se observa, entre

gir un orden político estable, una economía con una escala suficiente... y la hegemonía anglosajona. Esta última exigía, para reinar mejor, nuestra fragmentación *ad nauseam* y el que pasivamente aceptáramos ser proveedores de materias primas para un mercado mundial en el que se reservaban todo aquello susceptible de generar valor y avance científico-técnico o industrial. Así, impulsados por un segmento ínfimo —el más rico, el más poderoso— de la población, pasamos de ser una potencia mundial a veinte pequeñas repúblicas sin fuerza para ostentar una soberanía real o influir en las coordenadas del mundo.

La leyenda negra no fue exitosa para levantar al pueblo llano contra el orden imperial[6], pero, tras la victoria secesionista —no estimo adecuado designarla como «patriota»—, las oligarquías locales, ahora con dos siglos de administración a cuestas, sí han

otros países, en México, Argentina, Chile, Guatemala y Colombia, no solo despojó a los indígenas de su principal medio de subsistencia, sino que también debilitó sus estructuras sociales y políticas, condenándolos a la marginalidad económica, la exclusión política y la aculturación, sentando las bases para profundas desigualdades que persisten hasta el día de hoy.

6 Muestra palpable de ello es el fracaso rotundo —por la vía de la total indiferencia popular— del desembarco de Miranda en las costas de Venezuela en 1806, reseñado por José Rodríguez Iturbe en su notable obra *Bolívar y la gestación de la patria criolla*: «Las fuerzas invasoras de Miranda habían aumentado. Contaba entonces con cuatrocientos hombres y nuevas unidades de su pequeña flota: cinco bergantines, tres cañoneras y dos barcos desarmados. El 3 de agosto de 1806 desembarcó en la Vela de Coro. Izó por primera vez en territorio venezolano la bandera tricolor. El 4 de agosto, al día siguiente, distribuyó en la localidad su *Proclamación a los Pueblos Habitantes del Continente Américo-Colombiano*. En esa proclama exaltó la meritocracia indicando «que los méritos pertenecen exclusivamente al mérito y a la virtud»; procuró la integración de una representación popular con delegados designados por las municipalidades; e hizo suyas las ideas del jesuita peruano don Juan Viscardo [1748-1798] en su *Carta dirigida a los Españoles Americanos* (cuyo texto repartió también Miranda). *No encontró, sin embargo, ningún respaldo popular*. La gente huyó dejando en total soledad los poblados al enterarse de que Miranda llegaba. A pesar de sus proclamas, *nadie se le unió; y pudo constatar en Coro una absoluta indiferencia*, no exenta de temor, ante la presencia de Miranda y sus acompañantes. Al verse *carente de toda ayuda*, Miranda abandonó territorio venezolano el 13 de agosto. Su invasión fracasada duró exactamente diez días» (destacados en cursiva míos).

logrado asentar en el hombre de a pie un relato que postula un indígena americano idealizado, sin rostro individual, perfectamente bueno, miembro de un bloque homogéneo que vivía en absoluta armonía con sus pacíficos vecinos y con la generosa naturaleza... hasta que irrumpieron los españoles, depositarios de la crueldad, el atraso y el fanatismo más radicales. Se trata claramente de la fusión de la leyenda negra con otro mito acarreado desde Europa: el de la expulsión del Paraíso, que trae aparejado el del buen salvaje. Esta letal mezcla de distorsiones, mentiras y amputaciones constituye la raíz más importante de nuestro desatino e infortunio.

NI PARAÍSO PRECOLOMBINO NI INFIERNO ESPAÑOL

Jamás existió nada parecido a un paraíso poblado por «buenos salvajes» en tierra americana. Los indígenas debían lidiar con una naturaleza en extremo variada y hostil sin instrumentos adecuados ni animales que les fueran de clara ayuda. Demos apenas un trazo: la introducción por parte de los castellanos del arado y el buey —o la mula— multiplicó por veinte la producción de la tierra. Por otra parte, etnias, tribus e imperios americanos poseían lenguas, costumbres, deidades e intereses muy disímiles. Ello los mantenía separados[7] y, en medida no despreciable, en constantes guerras de gran crueldad que solían saldarse en esclavitud, violaciones, forzosos tributos desorbitados y, no raras veces —cosa que ya no ocurría en Europa—, sacrificios humanos y/o antropofagia. Estos antagonismos, agudos y muy extendidos, hicieron que, por doquier, muchas tribus percibieran a los castellanos no como invasores, sino como libertadores susceptibles de subvertir órdenes a los cuales no querían seguir sometidos. Caso emblemá-

7 También incidía en su separación y desconocimiento mutuo las inmensas distancias, insalvables sin el caballo, traído por los europeos.

tico, por citar uno, es el de la toma de Tenochtitlan: más de cien mil indígenas tlaxcaltecas, texcocotecas, cholultecas, xochimilcatecas y otomíes, liderados por Hernán Cortés, se unen a menos de mil españoles y dan al traste con el Imperio mexica[8]. Tras el fragor de la batalla, ya en situación de clara victoria, los aliados indígenas de Cortés, contraviniendo sus directivas, decidieron vengarse con saña extrema de una centenaria opresión y su furia fue tal que los castellanos, horrorizados, nada pudieron hacer para detenerlos.

Jamás existió en América un infierno español. No vinieron los castellanos a violar, robar y matar, tal como flota en el imaginario colectivo del hispanoamericano común y de muchos españoles peninsulares. Vinieron a entregar su Dios, lo más alto que tenían. Vinieron a entregar su sangre en la unión carnal mestiza. Vinieron a reproducir Castilla en América sembrándola de ciudades y haciendo así una gigantesca transferencia de cultura y tecnologías. El 12 de octubre de 1504, hallándose gravemente enferma en Medina del Campo, Isabel la Católica dictó su testamento, documento que revela su preocupación por el destino de los indígenas. *La fe, la justicia y la dignidad marcan sus líneas y establecen un cuadro para la actuación de la Corona en América que permanecerá.* Movida por su profunda convicción religiosa, la reina encomienda a su hija, Juana, y a su esposo, Fernando, que «tengan siempre mucha atención a la exaltación y ennoblecimiento de nuestra santa fe católica, y a la conversión de los indios y naturales de las dichas mis Indias...». A causa de este mismo fervor religioso, Isabel no olvida la justicia y el buen trato que se les debe a los nativos y ordena «que procuren como lo hagan y cumplan con mucho cuidado y diligencia, y que no consientan ni den lugar que los dichos indios y naturales de las dichas Indias y tierra firme, ganadas y por ganar, reciban agravio alguno en sus personas ni bienes...». En una muestra de avanzada sen-

8 Más conocido como Imperio azteca.

sibilidad para la época, la reina prohíbe su esclavitud y manda «... que los indios sean bien tratados, como lo mandamos, y no se consientan que reciban agravio en sus personas ni bienes, sino que sean favorecidos y amparados como vasallos y súbditos nuestros que son...». Pero fueron muy intensos los episodios iniciales de tanteo mutuo signados por las enfermedades, los choques, los forcejeos y las alianzas. Sin embargo, al cabo de pocas décadas, fue tomando forma un orden —ante todo pactado— en el que la Corona y la Iglesia fueron forzando, con éxito variable, a los indígenas a acatar mínimos religiosos —un Dios— y políticos —un rey—; y a los peninsulares inescrupulosos, que no escaseaban, a abandonar prácticas de abierta explotación y crueldad. En este sentido nos llega desde 1511 la voz de fray Antonio de Montesino ante colonos-conquistadores en Santo Domingo: «todos estáis en pecado mortal, y en él vivís y morís por la crueldad y tiranía que usáis con estas gentes inocentes. Decid: ¿con qué derecho y con qué justicia tenéis en tan cruel y horrible servidumbre a aquestos indios? ¿Con qué autoridad habéis hecho tan detestables guerras…? Estos, ¿no son hombres? ¿No tienen ánimas racionales? ¿No sois obligados a amallos como a vosotros mismos? ¿Esto no entendéis? ¿Esto no sentís?». Fray Antonio viaja a España y, en un descuido del camarero real, logra colarse hasta los aposentos de Fernando el Católico, quien presta atento oído a su clamor y pasa a poner bajo el severo escrutinio de su Consejo y de una junta de teólogos y juristas «las cosas de Indias». Se afianza así, en el surco isabelino, una evolución insólita de la historia: *en un contexto mundial en el que la victoria implicaba el cautiverio o la esclavitud del vencido, el otro, el distinto, visto como aborrecible e inferior, pasa a ser un sujeto de derecho en pie de igualdad con el hombre blanco cristiano.* Hitos de esto son las Leyes de Burgos de 1512, las de Valladolid de 1513 y la controversia de Valladolid, entre 1550 y 1551, que llega incluso —hecho inédito—a poner en pausa la expansión de una potencia mundial en pleno apogeo mientras se dilucidan asuntos teológicos, morales y jurídicos[9]. En este clima de debate está el origen neto de los derechos humanos, del derecho internacional, y, en lo que se refiere al Imperio, de una legislación concreta que habría de estabilizar un orden de siglos donde los indígenas encontraron acomodo. Bajo este orden unitario, global, estable y poderoso, realizamos la primera circunnavegación, generando así la primera globalización; fundamos y erigimos centenares de ciudades —plaza mayor, iglesia, cabildo, mercado— y las dotamos de hospitales, imprentas, universidades y escuelas; generamos —con epicentro en la actual Ciudad de México— una próspera red de alcance mundial con paz interna y costas protegidas, enlazada por conexiones marítimas, caminos seguros, correos fiables. Todo ello con un orden jurídico-institucional compartido, paz y estabilidad internas, demografía creciente, creencias compartidas, lengua vehicular y moneda única: un marco de prosperidad y poder que estaba dando muy cabales frutos en América... y que era urgente eliminar.

BASTA DE EVOLUCIÓN... ¡VIVA LA REVOLUCIÓN!

Inglaterra todo lo había intentado para acabar con el Imperio español: piratas, invasiones, contrabando, propaganda. Finalmente decidió infiltrar las élites blancas criollas ofreciéndoles apoyo de todo tipo —ideológico, diplomático, militar, comercial— para dejar atrás un orden supuestamente opresivo y caduco e ingresar, también supuestamente, a la prosperidad y la libertad de la mano de la Corona británica y el libre comercio. Para el éxito de esta estrategia fue clave la inconformidad de los criollos con las reformas borbónicas y la cortedad de miras de la Corona. Pero, sobre todo, el que fueran tiempos de revolución: las cabezas coro-

9 Al respecto, remito a la obra de Julio Henche sobre las leyes de Indias citada en las fuentes.

nadas podían rodar para dar lugar a un nuevo amanecer lleno de luminosas promesas altisonantes. Solo falta que Napoleón invada España para completar el coctel y que la centrifugadora se desate. Se sustituye así una aplomada y sosegada evolución ascendente por las «revoluciones» —sobresaltos erráticos y constantes— que nos rigen hasta hoy y cuyos frutos más cabales, signados por la orfandad y la alienación, son la inestabilidad, la irrelevancia, la pobreza y la hegemonía mundial anglosajona, hoy vacilante.

La madre de las revoluciones en el seno del Imperio fue la que personalmente llamo Guerra Civil de Secesión y Fragmentación, llamada tradicionalmente «de Independencia hispanoamericana». Es de resaltar que el rótulo «de Independencia» no es descriptivo, sino propagandístico. Al quedar separados en veinte fragmentos, pasamos de ser españoles relevantes y relativamente autónomos respecto a los otros grandes poderes, a ser una multitud de nuevos gentilicios inventados a la carrera, impotentes, periféricos y dependientes. Más descriptiva —osamos pensar— es la designación que proponemos: Guerra Civil de Secesión y Fragmentación. En efecto, se trató de una guerra civil —éramos todos españoles— de secesión —se logró separarnos del Imperio— y de fragmentación —la separación conllevó el saltar en muchos pedazos—. Quienes en esta guerra batallaron en el bando triunfante —secesionistas— se autodenominaron patriotas, pero en realidad destruyeron nuestra patria, la casa sólida y grande, y nos arrojaron a una intemperie de construcciones exiguas y precarias que no nos han dado abrigo ni estabilidad hasta el día de hoy. Y lo más grave: dos siglos de administración secesionista han logrado instalar en el imaginario colectivo hispanoamericano el ciclo de las «independencias» como mito fundador: un conjunto de hechos de heroicidad ilimitada llevados a cabo por seres en los que convergen un coraje, un desprendimiento y una inteligencia sin límites. La mítica guerra «de Independencia» cabalga y se entrecruza con otras dos falsificaciones que ya hemos señalado: el Paraíso precolombino y la leyenda negra. Los «libertadores» —los jefes secesionistas—no son seres humanos en pos de intereses específicos, no: son ángeles justicieros[10] que vinieron a expulsar los demonios españoles para llevarnos de vuelta al Paraíso.

SI CAE LA LEYENDA NEGRA, REAPARECE LA UNIDAD

Nuestra fragmentación en más de veinte entidades políticas atacó e intentó borrar el factor hispánico en América con especial ahínco y por todos los medios: se trataba de erigir un orden separado en lo político y nuevo en lo cultural. Por ello se ignoró —y se ignora— de manera consciente, tanto la realidad precolombina como la realidad imperial. Por ello no se vaciló —ni se vacila todavía hoy— en resaltar, magnificar e incluso inventar —con mirada sesgada, no comparativa y absolutamente anacrónica— los episodios de violencia, inexorables en cualquier expansión de la época. Solo así se pudo consumar una brutal automutilación y glorificar a los amputadores.

Debemos despojar nuestra historia de las deformaciones que da por buenas el ciudadano común. Ello pasa por la forja de una imagen cabal de la herencia hispánica en América: *es nuestro factor principal y nuestro único elemento realmente compartido.* Principal, porque de ella derivamos los códigos esenciales y fundantes: lengua y creencias religiosas, con su densa estela de cultura y tradiciones. Única común, porque si bien nos enorgullecen las herencias diversas —esencialmente la indígena, la africana y la proveniente de otros múltiples puntos de Europa dis-

10 La figura de los «libertadores» en las repúblicas hispanoamericanas se reviste de características casi divinas en sus mitos fundacionales. Esta idealización presenta similitudes con la imagen del arcángel san Miguel, muy popular en Hispanoamérica. Los «libertadores» y el arcángel se fusionan como arquetipo: son guerreros, luchan por la libertad, defienden a los oprimidos, traen la luz del progreso, se inscriben en un designio superior y tienen mandato celestial.

tintos a España—, cada una de ellas procede de fuentes muy disímiles entre sí, no constituyen un real bloque: varios centenares de lenguas indígenas, incomprensibles entre sí, existen hoy en Hispanoamérica. Por otra parte, la influencia de los otros legados se halla repartida muy desigualmente en los diversos puntos de nuestra geografía. Tal como indica Carlos Fuentes, nos hallamos ante «una presencia europea más fuerte en Argentina o en Chile. La tradición negra es más fuerte en el Caribe, en Venezuela y en Colombia, que en México o Paraguay. Pero *España nos abraza a todos; es, en cierta manera, nuestro lugar común*»[11].

Pero surge nuestra gran fragmentación de principios del XIX desde el aborrecimiento de España, de ese *lugar común*, de ese punto federador tan importante que el propio Fuentes lo resalta con cursivas. Nacen así los nuevos Estados rechazando la argamasa que nos constituye y es susceptible de darnos cohesión como bloque en el mundo. Ello ocasiona una automutilación que nos lastra, desestabiliza y apoca: no actuamos desde la integridad de nuestro ser al no asumir con lucidez y sin complejos nuestra principal y común herencia. No podemos, por lo tanto, desplegar nuestras velas al viento y navegar hacia amplios horizontes: el cabotaje nos consume. Toca entonces en el siglo XXI integrar y sumar; no fragmentar, restar, vivir desde anacrónicos odios o glorias de utilería portadoras de impotencia. Los secesionistas fracasaron. Es hora de cohesionar a plenitud la herencia hispana común con lo específico local y de forjar con los países existentes un potente polo hispánico supranacional.

11 Así lo verbaliza Carlos Fuentes en *El espejo enterrado*. El destacado es mío.

ALGUNAS PIEDRAS EN EL CAMINO DE RETORNO A LA CASA GRANDE

En los albores de la secesión hispanoamericana, las élites criollas cometieron la temeridad de no sopesar que la ruptura con el lazo político que nos unía y protegía —la Corona— acarrearía la hiperfragmentación, la inestabilidad, la impotencia, la alienación[12]. *Los esquemas jurídico-constitucionales y los símbolos para el orden y la cohesión no estaban listos*[13]. Y la capacidad

12 Ángel Bernardo Viso, en *Venezuela: identidad y ruptura*, obra valiente y visionaria publicada en 1982, cuando estos temas eran tabú, indica con tino: «Es un gran fracaso de la generación de nuestros libertadores (sic) no haber ofrecido salida viable a nuestros países en el terreno esencial de la organización de la sociedad y del gobierno» p. 90.

13 Tomás Pérez Vejo sostiene con absoluto tino que *se fundaron Estados y luego se inventaron naciones*. Con toda precisión indica —refiriéndose al Virreinato de la Nueva España, pero resulta extrapolable a las otras divisiones administrativas hispanoamericanas— que «cuando nosotros decimos que en el año 1821 la *nación* mexicana declaró su independencia, estamos diciendo algo que *es rigurosamente falso*. En 1821, una *antigua división administrativa* de la Monarquía Católica, el Virreinato de la Nueva España, *declaró su soberanía política*. Y *la nación había que construirla*, porque sin nación no había Estado» https://theobjective.com/cultura/2024-12-22/tomas-perez-vejo-el-nacionalismo-mexicano/ (subrayados míos). Esta construcción se improvisó a toda prisa y con un reto doblemente absurdo: había que hacerlo, para justificar la separación, deslindándose de lo hispano, es decir, autoamputándose, nada más y nada menos, de lo que nos es común y principal. Además, poniendo como «libertadores» a los descendientes directos de aquellos que, según el mismo esperpéntico relato, fueron los que vejaron, mataron, etc. a los indígenas. En *Elegía Criolla*, el mismo autor indica: «Antiguas divisiones administrativas sirvieron de molde para las nuevas naciones, retóricas preindigenistas llamaron a la resurrección de las razas derrotadas y sus culturas; la explotación económica y política de los «españoles» fue utilizada reiteradamente como bandera de movilización política, etc. Pero en ninguna de las naciones hispanoamericanas hay continuidad entre el estado monárquico y el estado nacional, en ninguna las fronteras fueron trazadas en función de límites etnolingüísticos y en ninguna los descendientes de los antiguos colonizadores fueron excluidos y expulsados de la nueva nación. Para decirlo de forma gráfica: mientras los fundadores de la Argelia moderna iniciaron su vida independiente con la expulsión de los argelinos de origen francés y la proclamación del idioma árabe y la religión musulmana como fundamento de la nueva nacionalidad, los de las nuevas naciones hispanoamericanas no la pudieron iniciar expulsándose a sí mis-

para pensarlos e implantarlos, dadas las evidencias hasta el día de hoy, tampoco lo estaban. Los planes secesionistas —si asumimos que no perseguían una cruda sumisión a Inglaterra para miopes negocios de oligarquías locales— no calibraron suficientemente los tremendos peligros que implicaba el lanzar al ruedo internacional repúblicas pequeñas incapaces de soberanía efectiva. *No hemos sido invadidos formalmente porque somos suficientemente sumisos e insignificantes: nos limitamos a ser clientes, deudores, capataces, hosteleros o maquileros.*

Ya advenidos los islotes, se intenta remediar la fragmentación a través de *políticas y proyectos grandilocuentes, emotivos, con frecuencia abiertamente irracionales y negadores de lo hispánico*, dependientes casi exclusivamente de recursos de los Estados y de carismáticos liderazgos o de individualidades solitarias, ejecutados, por lo demás, de arriba hacia abajo. Voluntarismo este que no termina de encontrar asideros orgánicos, tracción sobre el terreno, y se diluye en frustraciones.

Por si fuera poco, en un afán de incluir a Brasil, el Caribe o Portugal, barajamos con frecuencia *mapas inidóneos*: Latinoamérica, Iberoamérica, ¡Latinoamérica y el Caribe, incluso! Perdemos así el foco, incurrimos en dilución debilitante: solo Hispanoamérica, la América española, la España de América, nos da tanto el tamaño óptimo como la identidad común suficientemente densa, ambos necesarios para desplegar sobre camino firme la cohesión requerida.

El *afán de ser lo que no somos* es otro enorme obstáculo. Puesto que solemos negar, disminuir o despreciar nuestra raíz principal y común —la hispana—, queda en nosotros un vacío

---

mos y proclamando como nacionales unos idiomas y unas religiones distintos de los que hablaban y practicaban» p. 121. Grafica lo anterior lo dicho: en el caso hispanoamericano las «naciones» son consecuencia de la creación de un nuevo Estado; en el caso argelino, la independencia es consecuencia de la preexistencia de una nación de religión y lengua distintas a las de los desalojados. No había que inventarla, ya estaba allí.

que buscamos llenar artificiosamente con esquemas anglosajones, germánicos, franceses, indigenistas. Es como ponernos zapatos que no son de nuestra talla: no podemos caminar con ellos. Y, sin embargo, tozudamente, insistimos en ponérnoslos. Hemos de reactivar la creatividad jurídico-político-económica.

La cantidad y calidad de los enemigos internos es un hecho palpable y singular. Nadie en el mundo —salvo los hispanistas y su periferia— añora que converjamos de nuevo. Los poderes globales constituidos no quieren otro competidor mundial. Las élites locales no desean alterar el poder y beneficios que derivan esencialmente de administrar un orden en el que somos estructuralmente periféricos. Lo anterior no sorprende. Pero sí llaman la atención los muy numerosos *oficiantes internos del apocamiento y la fragmentación hispanas*, verdaderos enemigos internos: viven entre nosotros, actúan mayoritariamente de buena fe, son con frecuencia incluso entusiastas genuinos que, imbuidos de la ideología antihispana prevaleciente por ahora, se perciben como nobles justicieros que buscan reparar el pasado supuestamente oprobioso profundizando la «demostración» del «horror» de los tiempos imperiales y, por supuesto, exigiendo —si se halla en América— que se pida perdón o —si se halla en la península ibérica— pidiéndolo. Operan desde una suerte de superioridad moral y cognitiva, pero en realidad son agentes inconscientes de quienes desean mantenernos quebrados: imposible despegar con el lastre de vergüenza y resentimiento que propician estos «justicieros». Apuntemos, además, lo obvio: no todos entre ellos —aunque sí, insisto, la gran mayoría— son de buena fe e inconscientes. Pero resulta muy difícil discernir quién es quién: todos los oficiantes actúan a cara descubierta y adoptan el ropaje de la justicia y la verdad históricas. Y en todo caso —cándidas almas o agentes encubiertos—, el resultado es el mismo: apocamiento —ímpetu anulado— y fragmentación —piezas separadas— con lo cual, tanto el espíritu como la materia quedan neutralizados.

Llama también la atención una suerte de cainismo intrahispanista. Los hispanistas tenemos un objetivo claro: la forja de dinámicas de cohesión para reconstruir una estructura capaz de asegurarnos soberanía efectiva, plenitud interna y relevancia global, a fin, no solo de asegurar la continuidad histórico-político-jurídica, sino también de encontrar una nueva plenitud que nos permita desplegar a fondo nuestro potencial y poner en la mesa del mundo a la civilización hispánica como modelo digno de consideración, como alternativa válida a colectivismos, autoritarismos, fundamentalismos, darwinismos y nihilismos. Nos hallamos lejos de haber forjado esa estructura y, sin embargo, en cierta medida, en lugar de lograr un acuerdo de mínimos para la acción, incurrimos en ocasiones en disputas abiertas o en sordas discriminaciones. Puedo entender que esto ocurra una vez que se haya llegado a la estructura cohesionadora, pero no antes. Por ahora, pienso, *cada uno debería cultivar cuidadosamente su huerto hispanista, amén de buscar difusión y alianzas con los afines e intersecciones con los diversos.* Que cada quien incida desde su posición y estilo, pero omitiendo por completo el ataque personal a otro hispanista y debatiendo las diferencias ideológicas con un talante de búsqueda de verdad y utilidad, no de prevalecer a toda costa, no de terminar con el «enemigo» entre las fauces recibiendo vítores de una exigua capilla de afines. De hecho, estoy seguro de que una reunión de lluvia de ideas entre hispanistas de diverso signo, en una primera instancia a puerta cerrada para evitar la vana búsqueda de aplausos del público, nos sería muy útil para generar ideas nuevas y conducentes, amén de lograr un mejor conocimiento personal de todos. Me gustaría ver en torno a la mesa a liberales, comunistas, católicos, socialistas, tradicionalistas, pragmáticos, ateos, idealistas... ¡todos! Y no por ser equidistante de todos o inclusivo a ultranza —no es mi talante—, sino para optimizar los esfuerzos de la etapa en la que nos hallamos: primero, defendamos juntos la plaza, podría caer; luego, en cabildo, ya con la fortaleza asegurada, empecemos el debate plural y, de ser necesario, recio. Pero estamos en lo primero.

A medida que el hispanismo avance, *nuestras élites habrán de cambiar o habrán de ser cambiadas.* Por el momento, su estrategia en el mundo consiste en adaptarse a él, no en transformarlo, con lo cual nos hallamos atascados en una peligrosa subordinación que, de pronunciarse, podría llevarnos a una eventual desaparición. *Nuestros dirigentes deben ser presionados hacia el gran mapa panhispánico.* No será fácil. Magnifican los árboles —cada una de las más de veinte entidades políticas— para que no veamos el inmenso bosque: Hispanoamérica. Escogen —ora pensando de buena fe que es el mejor curso de acción, ora por hallarse en connivencia con poderes mayores, ora ambos— ser cabeza de ratón imaginando que, de otra manera, serían, probablemente, cola de león, alcaldes de suburbios. Temerosos de las consecuencias de una navegación de altura y posibilidades infinitas, se aferran —¿estúpidos[14], pusilánimes, venales?— a la costa.

Hoy se busca *aumentar el número de Estados* para hacer de esta manera «justicia» al «derecho de autodeterminación de los pueblos»[15]. Exacerbando especificidades, alegando agravios ajenos y exagerando virtudes propias, operadores locales y fuerzas globales —con intereses objetivos comunes, aunque no necesariamente concertados— trafican indigenismos y nacionalismos etnolingüísticos que pretenden claramente fragmentar México, Colombia, Perú, Bolivia, Argentina, Chile y, por supuesto, España... ¿Saldo principal de esta operación? Agudizar la atomización hispana: el cuerpo gigante ha de tener conciencia liliputiense para jamás levantar cabeza. Y anotemos: los nuevos microestados, a nivel internacional, serán, dada su exigua talla y pactos de origen, marionetas de los poderosos que hayan estimulado su surgimiento; y sus habitantes, súbditos de oligarquías

14 No pretendo insultar al utilizar este vocablo. Lo hago en términos meramente descriptivos. Según el DLE (Diccionario de la lengua española, antes DRAE) se trata de alguien «necio, falto de inteligencia» https://dle.rae.es/est%C3%BApido?m=form.

15 Sobre el absurdo de aumentar el número de Estados, cabe leer el artículo de Alberto G. Ibáñez titulado «*Nationalism and right to secession: New states, identities and global security*», publicado en 2020 en el número 10 de la *Review of Nationalities* (pp. 1-12).

vasallas que, como en toda comunidad pequeña, tendrán amplísima capacidad de control de cada uno de los individuos, no vaya a ser que se desvíen de las estrechas coordenadas etnolingüísticas que justifican la erección de una aduana más. Así pues, ni soberanía, ni libertad individual y, sí, la pobreza cultural y material propia de quien vive encerrado en un espacio de paredes estrechas y angostísimas ventanas... pudiendo vivir en un amplio palacio de magníficos balcones.

La *desactivación de los grandes relatos cohesionadores*, propulsada por las modas intelectuales disolventes, atomizadoras, pusífilas[16] y cada vez más opresivas que prevalecen en Occidente —el marxismo cultural, la cultura de la cancelación, lo políticamente correcto y el movimiento *woke,* entre otras— dificultan la erección de un gran relato vertebrador hispano[17]. Y necesitamos uno. Pero estas ideologías hegemónicas se están encontrando con un contraflujo que, estimo, puede volver a legitimar relatos vertebradores que lleven a sanas instancias de identidad colectiva que nos preserven de fragmentaciones e impotencia a todos los niveles. En efecto, las ideologías señaladas —bajo la amable apariencia de justicia social y progreso— subvierten instituciones como la familia, la religión y la nación, crean un ambiente de censura y autocensura, eliminan o disminuyen la diversidad de perspectivas. Ahora bien, la llegada de Donald Trump al poder el 20 de enero de 2025 podría estar encabezando un eventual movimiento pendular, un contraflujo que, de resultar exitoso, atenuaría signi-

---

16 Me permito acuñar este neologismo. Aparece aquí como adjetivo. El sustantivo sería pusifilia (del latín *pusillus* —muy pequeño, insignificante— y el griego φιλία —*philía*, amor—). Su significado sería amor o afición a lo pequeño, a lo limitado, a la esfera de lo conocido y seguro. Asociado con frecuencia a estrechez o bajeza.

17 La oposición a grandes relatos puede entenderse como una suerte de vacuna contra una tercera guerra mundial, visto que para el desencadenamiento de la primera y la segunda los grandes relatos nacionalistas fueron clave. Pero el resultado tangible es que los relatos raquíticos han vuelto a Occidente un caparazón semivacío, incapaz de autodefensa, signado por la atomización, la debacle demográfica, la falta de horizontes, el desaliento y la irresolución.

ficativamente las mencionadas corrientes: tendrían que compartir un escenario en el que estaban siendo aplastantemente protagónicas. En efecto, Trump se ha propuesto la titánica tarea de liberar a la democracia estadounidense de lo que considera su gran enemigo interno: la cultura *woke*.

Insistamos: un gran relato cohesionador es justo lo que necesitamos. Y ello ha de darse sobre bases tanto inspiradoras como realistas. Tareas pendientes. Tareas urgentes.

LA NECESIDAD DE UN GRAN RELATO PANHISPÁNICO... CONDUCENTE

Toda persona necesita referentes para vertebrarse. *No somos en el vacío, sino en relación con otros factores.* Adhesiones, indiferencias y rechazos —en ocasiones también cegueras— a estímulos diversos van configurando nuestra personalidad en niveles muy distintos. Generalmente nos sentimos miembros de algo —una familia, un club deportivo, un partido, un país, un terruño—, pero también experimentamos una individualidad irreductible. Nos gusta compartir con otros y sentirnos parte de algo, sí, pero también deseamos poder cerrar con llave el cuarto propio, tener nuestro propio dinero, soñar proyectos particulares. Solemos oscilar, en diversos grados, entre dos dimensiones: una en la que buscamos el cobijo y la aprobación de un grupo, otra en la que buscamos una personalísima vocación. Dinámicas colectivas o grupales y procesos particulares entretejen nuestro ser en el mundo.

En Hispanoamérica, la dimensión colectiva más amplia —la que nos incluía a todos como parte de España— estaba atendida por un gran relato, monárquico y católico, que nos inscribía en un marco universal de trascendencia y grandeza generador de referentes robustos y satisfactorios para las mayorías: la estabilidad política, la expansión demográfica y la paz interna de siglos en América así lo corroboran. Ese orden también permitía un amplio despliegue de particularidades regionales y locales, dado que reconocía y protegía la pervivencia de muchos referentes y territorios indígenas. Este equilibrio salta en pedazos con la secesión realizada a inicios del XIX en la Hispanoamérica continental. El rey es sustituido, en el caos de la secesión, por caudillos locales que deben ser intensamente glorificados para adquirir una mínima majestad, y por pequeños Estados que deben improvisar precarios relatos justificativos de la ruptura. Estados que postulan en el aire una igualdad ciudadana formal inasumible para las masas indígenas, las cuales, de hecho, al ser eliminados sus fueros y protecciones, comienzan a entrar en la indigencia y la marginalidad[18]. Estados que, además, pasan a asumir —contrariamente a lo hecho por Estados Unidos tras su independencia— el libre comercio internacional como dogma[19], gracias a lo cual la industria que venía surgiendo y no había llegado a musculatura plena queda a la merced de competidores más avanzados y, de sobrevivir, circunscrita a pequeños países, con lo que se pierde la ventaja de la gran escala. Están servidos tanto el desquiciamiento

18 En algunos casos son incluso masacrados. Tras la secesión y fragmentación del imperio en el siglo XIX, varios Estados hispanoamericanos recurrieron a la matanza de indígenas para conquistar y ocupar territorios. Resultan emblemáticos los casos de Argentina y Chile. En Argentina, las campañas de la «Conquista del Desierto» (1878-1885) llevaron a la masacre de comunidades indígenas en el sur del país. Chile, por su parte, realizó la «Pacificación de la Araucanía» (1861-1883), proceso de ocupación militar y colonización del territorio, donde se sometió violentamente a los mapuches.

19 Al respecto resulta imperativo leer a Marcelo Gullo, especialista en relaciones internacionales e hispanista de primera línea. En su libro *Insubordinación Fundante*, analiza casos históricos de países como Estados Unidos, Alemania, Japón y China, que lograron su desarrollo y poder a través de la «insubordinación fundante». En efecto, estos países desafiaron el modelo económico de libre comercio internacional deseado por las potencias dominantes —como Inglaterra en su momento— y promovieron políticas proteccionistas e intervencionistas para impulsar su industrialización y consecuente riqueza y poder. *Solo luego de lograrlo abogaron por el libre comercio.* Gullo traslada esta tesis al contexto hispanoamericano como vía de salida de la periferia en la que permanecemos irrelevantes e incapaces de soberanía efectiva. Hay que fortalecer primero la musculatura en una suerte de gimnasio protegido para poder entrar exitosamente en la arena de gladiadores globales.

antropológico como la debacle económica; está puesta la mesa de la inestabilidad, la pobreza y la dependencia.

¿Qué podemos —y debemos— rescatar del relato imperial? Su capacidad de sostener una *gran unidad*, de inspirar el acometimiento de *grandes empresas*, de incluir *realidades muy disímiles*, de encontrar *equilibrios entre el centro y la periferia*, de forjar *solidaridad* entre territorios lejanos. Debemos forjar —en plena posmodernidad— un relato inspirador que contemple estas capacidades... si no queremos naufragar en el siglo XXI, cada uno en su canoa que hace agua por todas partes y es arrastrada por corrientes fuera de control. Y para ello debemos tener presente tres factores clave: la trascendencia, la pertenencia y la adaptabilidad.

EL COMBUSTIBLE DE LA HISPANIDAD: TRASCENDENCIA, PERTENENCIA, ADAPTABILIDAD

Los siglos XVI y XVII fueron los de mayor apogeo hispano: la obra ejecutada raya en la desmesura. Uno se pregunta cómo fue posible tanto si consideramos los medios materiales y tecnológicos de la época. Creo que la respuesta se halla en el combustible espiritual y político que impulsaba a los factores más dinámicos de la sociedad de entonces: desde gobernantes, misioneros, navegantes y conquistadores hasta artistas, arquitectos, juristas, exploradores, filósofos y científicos. Este combustible proporcionaba a esta capa dirigente un marco vertebrador y estimulante que impulsaba —por la razón de altos valores o por la coerción del poder político o religioso o por ambos— a la concreción de hechos extraordinarios. Estimo que tres son sus elementos esenciales: trascendencia, pertenencia y adaptabilidad. La trascendencia dotaba de una brújula axiológica que orientaba, enaltecía y embridaba. La pertenencia a un credo y el servir a una Corona proporcionaba orgullo e identidad. La adaptabilidad proveía parámetros idóneos a los tiempos y lugares específicos, en extremo diversos. El todo generaba una mezcla única de potencia aplomada que permitió avances gigantescos... ¡y nada menos que la fundación de un pueblo nuevo! Ahora bien, este combustible formidable que atisbamos se evaporó en el primer cuarto del siglo XIX con el desprendimiento de la Hispanoamérica continental: se estigmatizó lo hispano y se pasó a intentar generar un orden desespañolizado alienante. Intentamos forzar esquemas ingleses, franceses, estadounidenses... en vano. Además, ya no en el marco amplio y poderoso del imperio, sino en el seno de pequeñas repúblicas —¡decenas!— impotentes, dueñas de una soberanía de opereta. La alienación y la subordinación van siendo el nuevo combustible... ¡por ello oscilamos entre la cuneta y el abismo! Preguntémonos entonces: ¿es necesario traer el combustible espiritual y político de trascendencia, pertenencia y adaptabilidad —*actualizado, adaptado*— al siglo XXI para que la hispanidad se despliegue a plenitud? Yo diría que sí. En efecto, el nuevo relato habilitante panhispano necesita *valores sólidos* que nos sustraigan a un relativismo nihilizante, requiere *orgullo panhispánico* que nos haga ver más allá de las fronteras de Estados impotentes y debe dar pie a un *orden adaptado* que nos saque del desatino de identidades ajenas.

PALPEMOS EL RELATO COMÚN: EFEMÉRIDES PANHISPÁNICAS

Hemos dicho que debemos forjar un relato común inspirador que ponga de relieve lo que hemos sido como hispanos para afianzar bases ciertas de futuro desde el orgullo y la esperanza. Como ejemplo de esa narrativa, que habría de manifestarse de múltiples maneras y formatos, propongo una lista de efemérides *con alcance panhispánico* que podríamos comenzar, desde ya, a celebrar todos juntos. El vivirlas grupalmente, en un primer momento desde las redes, dándoles importancia y rodeándolas de eventos que las exalten, nos daría conocimiento panhispánico, amén de una cabal sensación de fraternidad... ¡de ganas de estar juntos! He aquí mi proposición:

1. Día del Parlamento (27 de enero): recuerda las Cortes de León de 1188, primera asamblea en la que se reconoció la representación de sectores distintos a la nobleza y el clero. Hito en la historia de la representación ciudadana.
2. Semana Santa (entre finales de marzo y finales de abril): semana de celebraciones religiosas que conmemora la pasión, muerte y resurrección de Jesucristo.
3. Día del Saber (12 de mayo): conmemora la fundación de la Universidad de Salamanca en 1218, cuna de la Escuela de Salamanca, corriente intelectual que renovó el pensamiento teológico, jurídico, económico y científico en los siglos XVI y XVII.
4. Día de la Gran Reina (22 de abril): celebra el nacimiento de la reina Isabel I de Castilla en 1451, figura clave en el fin de la Reconquista, la unificación de la España peninsular y el impulso a la exploración de América y su evangelización.
5. Día de la Lengua (23 de abril): con ocasión del nacimiento de Miguel de Cervantes Saavedra, esta fecha celebra la riqueza y la unidad de la lengua española.
6 Día de la Defensa de la Patria (20 de mayo): recuerda la victoria heroica liderada por Blas de Lezo ante el ataque inglés a Cartagena de Indias en 1741, símbolo de la defensa de la soberanía hispánica en América.
7. Día de la Moneda (16 de julio): conmemora la primera acuñación del Real de a Ocho en 1497. Se convertiría en la primera divisa internacional.
8. Día de la Obra Civil (15 de septiembre): conmemora el inicio de la construcción del Camino Real de Tierra Adentro en 1598, obra de ingeniería crucial para la expansión territorial, el comercio y la comunicación en el virreinato de Nueva España.

9. Día del Planeta (6 de septiembre): conmemora la llegada de la expedición de Magallanes y Elcano a Sanlúcar de Barrameda en 1522, tras completar la primera vuelta al mundo.
10. Día de la Hispanidad (12 de octubre): celebra el gran encuentro entre nuestras dos grandes raíces.
11. Día de Malintzin (8 de noviembre): celebra a Doña Marina como puente entre culturas evocando el primer encuentro entre Cortés y Moctezuma, en el que ella actúa como intérprete.
12. Día de la Solidaridad (30 de noviembre): recuerda la partida de la Real Expedición Filantrópica de la Vacuna, liderada por Francisco Javier de Balmis en 1803. Llevó la vacuna de la viruela a América y Filipinas. Incluso China. Salvó millones de vidas.
13. Día de la Virgen de Guadalupe (12 de diciembre): celebra la aparición de la Virgen de Guadalupe en México, símbolo de la fe católica y la identidad mestiza en Hispanoamérica.
14. Navidad (25 de diciembre): nacimiento de Jesucristo.

Impostergable: restaurar la autoconfianza colectiva

LA BATALLA CULTURAL HA DE SER DADA

No podemos seguir tolerando que los relatos inhabilitantes, previstos para galvanizar a nuestros adversarios —pero explotados también internamente, con funestas consecuencias en el cambio de dinastía, las secesiones americanas y la exculpación de gobernantes actuales— permanezcan internalizados en el orbe hispánico como realidad: ello ocasiona un desarme espiritual cuyas consecuencias resultan palpables en nuestra presente condición subordinada. *Nuestra principal tarea es un intangible: la recuperación de la autoconfianza.* Y ello implica, necesariamente, que la apreciación justa de lo hispánico —única raíz común de todos los pueblos hispanohablantes— ha de darse más allá de círculos académicos o de entusiastas aficionados al tema. Es, pues, imperativo dar la batalla cultural en la arena pública para cambiar el clima de opinión y lograr una base de orgullo que nos reconecte con la grandeza.

LA REBELIÓN HISPANISTA: RECUPERACIÓN DE ANCLAJES VERACES Y ÚTILES

La autoconfianza del bloque hispánico —el elemento que nos falta para un efectivo ejercicio de poder a nivel global— se halla en plena reconstrucción: ha irrumpido la rebelión hispanista en la opinión pública. Se trata de un movimiento espontáneo, independiente de factores estructurados de poder, que rompe el imperante clima de mentiras, omisiones y exageraciones que mantiene maniatado al gigante hispano. Es una honda de hartazgo ante la autonegación inhabilitante, un intento de recuperar anclajes veraces y útiles para no terminar completamente disueltos. Sus integrantes son personas de todo tipo que, a contracorriente y con frecuencia en solitario, han revisado el pasado contextualizando y comparando mucho, yendo más allá de intimidantes ortodoxias y anacronismos crudos. Sus conclusiones destruyen el relato dominante: no cabe en forma alguna avergonzarnos o sentirnos culpables de tener ascendencia hispánica. Descubrimos así que la Inquisición española fue un fenómeno relativamente menor en el contexto de una Europa donde la intolerancia religiosa era la norma y se practicaba de forma más amplia y agresiva, con frecuencia sin marco jurídico formal. Y nada de genocidio. El encuentro en América no fue entre ángeles, pero dio pie a un mundo nuevo donde el vencido ya no era exterminado: se mezclaba con el vencedor, eran ambos vasallos de la misma Corona, creyentes en el mismo Dios; ambos constructores de un imperio generador. Comienza así el quebrantamiento de la hegemónica leyenda negra, artefacto de guerra cultural activo desde el XVI, cuya propaganda terminamos inauditamente interiorizando.

Primera ola de la rebelión hispanista: demostración rigurosa de lo falso

El hito claro del comienzo de la rebelión hispanista[20], la neta salida de las catacumbas en las que todo venía hasta entonces tejiéndose sin mayor dirección ni eco público significativo, ocurre en octubre de 2016 con la publicación de *Imperiofobia y leyenda negra* de María Elvira Roca Barea[21]. Esta obra cayó en terreno fértil, operó como agua fresca para una garganta reseca: decenas de ediciones, más de ciento cincuenta mil ejemplares vendidos, reseñas, entrevistas, polémicas. Abrió una brecha que revivió obras que no habían encontrado sus lectores, hizo que muchos se desintimidaran y salieran al ruedo en todos los formatos posibles. Generó un alzamiento: la primera ola de la rebelión hispanista. *Imperiofobia y leyenda negra* es emblemática del espíritu de la primera ola: *demostración rigurosa de la falsedad del relato negrolegendario dominante*. Puesto que se camina sobre terreno minado —el clima de opinión es claramente adverso— se trata de armarse de pruebas irrefutables para no ser, automática y exitosamente, proscritos como locos o fachas que deben ser expulsados de la ciudad.

20 *Imperiofobia y leyenda negra* es el hito neto del comienzo. Sin embargo, también me parece que es imperativo —dada su influencia e irradiación desde finales del siglo XX y hasta el día de hoy— mencionar al filósofo Gustavo Bueno y sus discípulos, muy destacados en las lides hispanistas. Para calibrar la magnitud de su aporte vale mucho la pena escuchar la conferencia de Nicole Holzenthal titulada «Gustavo Bueno como impulsor de un nuevo hispanismo» en https://www.youtube.com/watch?app=desktop&v=-DeYipLNbCo0. Como obras fundamentales del autor sobre el tema que nos ocupa, cabe mencionar *España no es un mito* y *España frente a Europa*. Se puede profundizar ampliamente en la obra de Bueno y sus discípulos en: https://www.fgbueno.es/index.htm.

21 El éxito de *Imperiofobia y leyenda negra* se debe, entre otros factores, a que supo conectar con un público que buscaba una visión creíble y positiva de la historia de España. Roca Barea argumenta que existe una «leyenda negra» antiespañola, alimentada por la «imperiofobia», que distorsiona la realidad y oculta los logros. El libro ofrece una reinterpretación muy fundamentada y accesible de la historia de España, destacando sus aspectos positivos y cuestionando algunos episodios tradicionalmente considerados negativos.

Solo así es posible cuartear una asentada alucinación. Es lo que hace la autora: la obra está apoyada en un aparato de citas impresionante. Al cerrar las páginas del libro, el lector se siente aliviado —no es descendiente de monstruos— y apoyado —puede retar con solvencia a la mitografía reinante y salir de un paisaje en verdad deprimente—. Podemos comenzar a erguirnos.

Segunda ola de la rebelión hispanista: mostrar prodigios

Sobre la primera ola, que continúa proveyendo pruebas, se monta la segunda. *Ya no se trata tanto de demostrar, sino más bien de mostrar.* Y se nos muestra para que nuestros ojos asombrados conozcan al fin lo que hicimos los hispanos mientras estuvimos juntos: un tesoro que nos había sido escamoteado. El emblema de esta segunda ola, en pleno desarrollo, viene a ser el documental *Hispanoamérica, canto de vida y esperanza*, de José Luis López-Linares, estrenado en abril de 2024. En él se nos pone —desde voces mayoritariamente hispanoamericanas—ante el esplendor de la riqueza de toda índole creada por los hispanos en el nuevo continente durante tres siglos. Al salir de la sala de cine, conmovidos, nos damos cuenta de que acabamos de asistir a una revelación: esos tiempos no fueron de oprobio, fueron nuestra cima. *Había autoconfianza, potencia, formas adaptadas...* ¡y ocurrieron, por lo tanto, prodigios! De esos tiempos podemos legítimamente devengar orgullo —base de la autoconfianza— y a partir de allí generar círculos virtuosos. Se pasa del socavamiento del ser a su potenciación. Del montaje manipulado que hunde y deprime a la narración veraz que exalta y estimula. El potencial transformador de esta ola es gigantesco y da pie a la tercera, que ya es de incidencia concreta en la dinámica del poder.

Inciso: la anagnórisis como recolocación existencial

Los enemigos de los hispanos de los dos hemisferios —y sus aliados internos— han instalado entre nosotros un marco referencial refractario a lo propio positivo. Generan así una memoria enferma que escamotea lo que nos impulsaría a crecer y lo que resultaría pertinente para resolver nuestras necesidades.

Remover el marco referencial viciado preponderante hoy, demanda estrategias de comunicación potentes. Los datos puntuales luminosos —generalmente argumentos positivos, hechos verificables que maravillan— no encuentran asidero en las conciencias que tienen firmemente instalado el marco refractario a lo positivo. Este sesgo profundo, en el caso de muchos, no puede ser alterado en el mero plano de los argumentos y los hechos: demanda una recia vivencia transformadora que desatasque el espíritu. Y esto es así porque aquellos que asumen o incluso militan de buena fe en la alucinación antihispánica tendrían que pasar por un auténtico reposicionamiento existencial: se autoperciben imbuidos de verdad y superioridad moral, poseedores celosos de la preclara llama de la justicia… ¡y son en realidad oficiantes del apocamiento y la disolución![22]

22 Hace aproximadamente cuatro años, me encontraba en la Gran Vía, en Madrid. No paseaba al azar: había decidido ir a La Casa del Libro para comprar, a fin de obsequiarlo, el libro *Imperiofobia y leyenda negra* de María Elvira Roca Barea, pieza esencial de la rebelión hispanista en curso. Al llegar a la sección correcta del establecimiento, me topé con la sorpresa de que el libro, a pesar de ser un superventas, no estaba claramente a la vista, contrariamente a lo que ocurría en prácticamente todas las librerías. Extrañado, me dirigí a un joven vendedor que apenas superaba los treinta. Con una actitud ágil y profesional, me confirmó que sí tenían el libro y, casi de inmediato, lo sacó de un estante junto a otro cuyo lomo no lograba reconocer. Entonces, ocurrió algo inesperado. Con un semblante serio, pero cordial, el muchacho me extendió el libro solicitado: «Aquí tienes». Pero, como quien saca una carta ganadora oculta, hizo emerger también *Imperiofilia y el populismo nacional-católico*, que busca refutar las tesis de María Elvira, comentando: «Si te llevas también este, tendrás una visión de 360 grados sobre el tema». La militancia antihispánica trabaja veinticuatro horas y en todas partes, que-

Dentro de este marco de dispositivos recolocadores encuadro la película *Hispanoamérica, canto de vida y esperanza*: una obra de arte que recorre —entretejiendo voces amantes, imágenes deslumbrantes, música conmovedora— el esplendor de los tres siglos previos a las repúblicas. Ello genera una vivencia fuerte —auténtica anagnórisis— susceptible de desplazar o al menos de poner en cuestión el marco instalado (Imperio español es oprobio) y sustituirlo por otro (Hispanidad incluye plenitud).

Detengámonos ahora en el concepto de anagnórisis. Con frecuencia, en una obra, se da un momento en el que la trama deja al descubierto una verdad crucial y todo se recoloca: el patito feo es un cisne; el sapo, un príncipe; un mendigo, el rey... Es el momento de anagnórisis. *Hispanoamérica, canto de vida y esperanza* opera para muchos como tal. El avergonzado español, el dolido hispanoamericano, todo aquel que piensa que el 12 de octubre no hay nada que celebrar descubre atónito que los castellanos que desembarcaron en América no construyeron un monolito depredador: entregaron fervorosamente su Dios, mezclaron apasionadamente su sangre, acabaron con la antropofagia y los sacrificios humanos, sembraron el territorio de ciudades que trasladaron la civilización occidental al otro lado del Atlántico, generaron riqueza, produjeron belleza... La anagnórisis abre una brecha que permite la irrupción de una memoria que sana. La hispanidad es capaz de plenitud, respira aliviado, en una sala de cine, el que se creía pariente de malvados verdugos o de impotentes víctimas: ha comenzado su desintoxicación.

Se requerirá un período de dosis masivas de verdad y positividad y de muchos dispositivos, muy diversos, portadores de las anagnórisis necesarias, para compensar siglos de plúmbea negatividad manipuladora y caer en cuenta de que la hispanidad constituye una gigantesca comunidad real, es capaz de esplendor y

---

rido lector, y en sus agentes terminales lo hace sintiendo que porta la antorcha de la justicia. Para este muchacho esta fue su buena acción del día.

plenitud, es dueña de una enorme vitalidad y alegría y solo debe conocerse cabalmente para recuperar los puentes que la llevarán de vuelta a la grandeza.

Tercera ola de la rebelión hispanista: inicios de uso del trinomio del poder

La tercera ola se halla en plena forja y es ya de incidencia concreta en la dinámica del poder. Consiste en el aprovechamiento del trinomio: grandes masas + ciberterritorio + lengua española. Este aprovechamiento se da *cada vez que un hispanohablante establece un intercambio con otro que no vive dentro de las fronteras de su país*. En efecto, cesado el imperio, las comunicaciones e intercambios entre hispanos pasan a realizarse en su gran mayoría dentro de cada islote, dado que las comunicaciones con los otros eran por lo general inútiles, deficientes y costosas. Surgido el ciberespacio y habiéndose mantenido la lengua común en manos de centenares de millones, emerge súbitamente un radio de intercambios —aún no percibido ni mensurado— gigantesco, en tiempo real y sin barreras: el argentino con el mexicano, el español con el chileno, el venezolano con el paraguayo... Estos intercambios están generando una nueva realidad panhispánica que, con el tiempo, terminará por crear un tejido institucional en el mundo físico que nos irá cohesionando cada vez más. Una cohesión orgánica y de abajo hacia arriba, de naturaleza completamente distinta a los quiméricos y con frecuencia delirantes intentos de unidad que han surgido —siempre de arriba hacia abajo— entre nosotros. Ahora bien, el verdadero corazón de la tercera ola está constituido por aquellos que hacen un *aprovechamiento consciente del trinomio que nos ocupa para acelerar procesos centrípetos panhispánicos*. Los hallamos de forma no coordinada, como asociaciones o individuos, desde las ocupaciones más diversas, en todo tipo de redes sociales. Van sembrando discursos, imágenes, músicas que nos ponen ante la potencia que fuimos, abriendo, cada vez más, perspectivas de futuro. Entre la multitud de actores de esta ola variopinta y caudalosa, podría mencionar a la Asociación Cultural Héroes de Cavite, regada a través de todo el orbe hispánico.

Cuarta ola de la rebelión hispanista: coordinación para el uso del poder

La cuarta ola apenas despunta. Implica organizar, desde la sociedad civil y de manera flexible, a aquellos que realizan un aprovechamiento consciente del trinomio —el núcleo de la tercera ola—, a fin de poder ir de manera eficiente en pos de una serie de objetivos concretos y benéficos para la comunidad hispanohablante a nivel mundial[23]. Pensemos, como ejercicios de calentamiento, en algo tangible, factible y de claro interés para todos: la defensa de la lengua común. Enfrentemos, por ejemplo, masiva, visible y tangiblemente a X —antes Twitter— haciendo una solicitud concreta: el uso de la eñe en los nombres de usuario. Otro caso: escojamos cibersitios de un puñado de empresas emblemáticas y exijamos que sustituyan la palabra *newsletter* —anglicismo inútil— por la palabra *boletín*, perfectamente adaptada. Campañas bien orquestadas en la red, que logren efectivamente el apoyo de millones y que, por lo tanto, sean susceptibles de torpedear intereses concretos, terminarán rindiendo frutos[24]. *Lo anterior nos hará percibir la dimensión real de nuestra fuerza unida y el inmenso costo de oportunidad de no aprovecharla.* Ello ha de llevarnos, poco a poco, hacia peticiones de dificultad mediana, como la obtención del estatus de lengua de trabajo para el español en la ONU y la UE. Sobre los éxitos acumulados, pasaríamos a metas franca-

23 El llamado Protocolo de Santa Pola (https://protocolodesantapola.es/) es el exponente más cabal que he detectado de este fenómeno. Nos referiremos a él más adelante.

24 Recordemos la exitosa campaña para impedir que la eñe fuese retirada de los teclados, a la cual nos referiremos más adelante.

mente ambiciosas, por ejemplo, exigir ante las entidades políticas hispanas actuales la libre circulación de hispanos —personas, bienes y servicios— en todos nuestros países. Dejo a la interpretación del lector lo que ocurriría de subir un escalón más...

Pasado, presente y futuro: las luchas van en paralelo

Durante los siglos XVI y XVII, como hemos visto, los poderes del mundo europeo creyeron que la monarquía hispánica estaba construyendo una obra capaz de relegarlos a la insignificancia o, incluso, llevar a cabo su destrucción. Para detenerla, intentaron toda una gama de acciones que iban desde la propaganda hasta la guerra frontal, pasando por la piratería y la infiltración de las élites. Los frutos más jugosos fueron recogidos en la primera mitad del siglo XIX, cuando ocurrió la gran secesión y fragmentación de la Hispanoamérica continental. Pero la operación de «independencia» *no erradicó la lengua común*. Esta, al contrario, se fortaleció: al cesar la administración monárquica, solo un tercio de la población hispanoamericana hablaba español y un siglo más tarde, más del 90 %, centenares de millones de personas. Sin embargo, el formidable potencial político que implica hablar una lengua a tal escala no se activa a plenitud, en buena medida, por fallas en la autorrepresentación. Ahora bien, pretender haber desmontado estas fallas como condición previa a acciones conducentes a una dinámica cohesionadora sería absurdo. No podemos, claro, cejar en el empeño de ver nuestro pasado con lucidez para acabar con lastres y ataduras, pero, en paralelo, debemos emprender acciones que propicien de inmediato un curso centrípeto sobre la base de los muchísimos recursos ya disponibles. Y la locomotora de estas acciones, poderosísima, es nuestro lazo común más firme, vivo y tangible: la lengua, foco de la próxima sección.

Nuestro territorio: la lengua española

UN PAÍS MUCHO MÁS GRANDE

Siempre que inicio una lectura, me pregunto hasta qué punto me afectará: las letras tienen un extraño poder de transformación. Esos bloques ordenados de palabras pueden cambiar la vida. O por lo menos la mía. A mí me ocurrió una mañana, en un aula de clases de mi Caracas natal. Corría el año 1973 y la profesora de Castellano y Literatura nos pidió que abriésemos el manual —de Literatura Hispanoamericana— que había de acompañarnos ese año en una página precisa. Empezó a leer en voz alta: «Nadie lo vio desembarcar en la unánime noche». El resto del mundo quedó en suspensión hasta que, unas páginas más adelante, concluyó: «Con alivio, con humillación, con terror, comprendió que él también era una apariencia, que otro estaba soñándolo». Acababa de leer *Las ruinas circulares* de Jorge Luis Borges. Un argentino —informó la profesora—, alguien nacido en Buenos Aires, a miles de kilómetros del punto en el que me encontraba. ¡Y yo podía entender las palabras de Borges! Y esas palabras me estremecían mucho más que los cuentos de Tintín o las antologías de literatura adaptada para la infancia o la juventud. Mi vida estaba cambiando. Comencé a frecuentar a García Márquez, a Sábato, a Cortázar, a Rulfo, a Cabrera Infante, a Vargas Llosa, a Octavio Paz. Empecé a sentir que, a pesar de que ninguno de ellos había nacido en Venezuela, todo aquello era mío: mi país era inmenso. Sí, claro, era venezolano, pero Venezuela era una parte de algo mucho más grande, algo que estaba tanto en Santiago de Chile como en Madrid o La Habana o Ciudad de México.

LA LENGUA ES EL TERRITORIO DE LO HUMANO

La lengua es el *cimiento fundamental* sobre el cual se erige el conocimiento y la acción humana. Sin ella, seríamos otro mamífero arrojado a la naturaleza y no miembros de una comunidad capaz de construir hogares, ciudades, tecnología, arte, afectos y de forjar las dimensiones del pasado y el futuro.

Sin la lengua, estaríamos ahogados en un *mar indiferenciado de estímulos sensoriales*. Vemos la puerta como tal y sabemos interactuar con ella porque tenemos el concepto puerta instalado en nuestras mentes. Vemos un perro como tal —a pesar de la inmensa variedad de razas y tamaños— porque poseemos el concepto perro y subsumimos cada perro concreto en él. De no poseer el concepto, cada perro sería un fenómeno singular, insólito e inquietante, como lo sería un extraterrestre. Dicho en corto: *no hablamos de lo que vemos, vemos de lo que hablamos*. Y sobre lo que hablamos construimos la cultura, la sociedad y nuestra propia biografía.[25]

---

25 Básicamente, lo que no se conceptualiza no se percibe como un objeto. No resisto la tentación de ilustrar esto con tres ejemplos.
La mente humana, con su capacidad de razonar y comprender, se enfrenta a un desafío crucial cuando no cuenta con los conceptos adecuados: su capacidad de procesar la realidad se ve limitada, volviéndose inoperante, a menos que aprenda o cree nuevos conceptos. Esta idea se ve claramente ilustrada en el cuento *There are more things* de Jorge Luis Borges, la película *La llegada* y, ya en la historia real, el encuentro entre los españoles y los indígenas americanos.
En *There are more things*, el protagonista hereda una casa que desafía las leyes de la geometría euclidiana. La arquitectura laberíntica y las criaturas

Sin la lengua, estaríamos relegados a *reaccionar ante el medio únicamente por instinto* y, por lo tanto, limitados a satisfacer necesidades biológicas inmediatas. Careceríamos de la posibilidad de elevarnos a planos más complejos de comprensión y organización. Estaríamos presos de la programación genética. De tener frío, no podríamos diseñar un abrigo, tendríamos que evolucionar a lo largo de milenios para desarrollar la piel, el pelo y la grasa subcutánea adecuados. La lengua genera la cultura y acelera nuestra evolución y adaptación a niveles inexistentes entre los otros mamíferos.

La lengua es el vehículo por el cual *nos adentramos en el tejido social y este se adentra en nosotros*, permitiendo, por una parte, que las normas, costumbres, valores y conocimientos acumula-

---

monstruosas que la habitan son incomprensibles para él, ya que su mente, moldeada por la lógica tradicional, no posee las herramientas para procesar esta realidad no euclidiana. Se encuentra perdido en un mundo que se escapa a su comprensión, incapaz de actuar o escapar...
La película *La llegada* nos presenta un escenario similar. La venida de los *heptapods*, extraterrestres con un lenguaje y una percepción del tiempo radicalmente diferentes, confunde a los humanos. Intentan aplicar sus propios conceptos lingüísticos y temporales a los alienígenas, pero fracasan. Solo cuando la protagonista, Louise Banks, logra comprender la forma en que los *heptapods* experimentan el tiempo, es posible una verdadera comunicación.
El encuentro entre españoles e indígenas en América también ilustra esta idea. Los indígenas se enfrentaron a tecnologías, artefactos, comportamientos y creencias que no podían comprender. Sus conceptos del mundo, basados en su propia cosmovisión, no les permitían interpretar adecuadamente lo que veían. Los caballos, las armaduras, las armas de fuego, eran percibidos como algo extraño, monstruoso, incluso mágico.
Estos tres ejemplos nos muestran cómo la falta de conceptos adecuados puede llevar a la incomprensión, el miedo y la inacción. La mente, al no poder procesar la información de manera efectiva, sucumbe a sus propios límites.
Sin embargo, tanto en *La llegada* como en el encuentro americano de indígenas y españoles, vemos que la mente también es capaz de adaptarse y adquirir nuevos conceptos. Louise Banks aprende a pensar como los *heptapods*, y los indígenas, con el tiempo, comprendieron la tecnología y la cultura españolas.
En conclusión, la afirmación de que sin los conceptos adecuados la mente no puede procesar la realidad de manera efectiva se ve confirmada por estos ejemplos. La mente necesita las herramientas conceptuales adecuadas —en algún lenguaje— para comprender y actuar. Y posee la capacidad de aprender y expandir sus horizontes, lo que le permite captar nuevas realidades y superar sus propias limitaciones.

dos de generaciones anteriores se filtren en nuestra conciencia e incidan en nuestra identidad, y, por la otra, forjando nuestra voz interna, esa narración íntima que nos define como seres únicos y conscientes.

La lengua es el mapa más rotundo de cada cultura: sus vocablos, la forma de combinarlos, las ocasiones en que adoptan una forma u otra jerarquizan, delimitan y ordenan los fenómenos y las relaciones *de una manera específica* e inclinan así nuestra percepción y acciones de una manera también singular. Las lenguas no son, pues, códigos neutros e intercambiables: no es lo mismo hablar español que yanomami. Pero nótese también que hemos dicho «inclinan» no «determinan»: cada individuo tiene margen, insistimos, dadas las infinitas posibilidades de combinación de los signos lingüísticos, de forjar un ámbito singular, un contradiscurso.

Cada lengua es un territorio simbólico específico que da pie y condiciona, tanto la experiencia colectiva como la individual y que nos permite explorar, compartir y enriquecernos mutuamente en el constante intercambio de significados y experiencias que nos define como seres humanos en comunidad.

LA LENGUA ESPAÑOLA ES EL TERRITORIO DEL HISPANO

La lengua española es el territorio simbólico específico de cada hispanohablante. En ella despliega su humana condición: mediante ella sueña, ama, proyecta, disfruta, recuerda, sufre. Nuestra lengua es el territorio más cotidiano, concreto e inmediato —y por lo tanto principal— de cada hispanohablante: es el enlace con los suyos y la voz de su conciencia individual. Con ella opera el milagro siguiente: al combinar sonidos para generar sílabas, sílabas para generar palabras, palabras para formar oraciones, oraciones para montar discursos, se hace entender por más de 500 millones de personas capaces de entender esas combinaciones. Por mucho que haga lo mismo ante un sueco o un yanomami o un chino esto no ocurrirá. Somos, pues, una comunidad unida por el lazo más firme y palpable entre humanos.

UNA LENGUA GRANDE, FUERTE Y UNIDA… PERO…

Las grandes escalas, por ocupar inmensos territorios, suelen conllevar evoluciones lingüísticas divergentes y más aún si se disuelve el vínculo político. Esto último le ocurrió al latín a la caída de Roma: se fragmentó en las múltiples lenguas latinas de hoy. Se temió que el español corriera igual suerte a la caída del Imperio[26], mas no ocurrió así. Los criollos que propulsaron la ruptura eran, casi todos, exclusivamente hispanohablantes. Pragmáticamente, gobernaron, legislaron y educaron en español, puesto que el foco principal había pasado de la evangelización a, en principio, la forja de ciudadanos aptos para insertarse en repúblicas liberales modernas[27]. Además, instituciones como la Real

26 Escribió Andrés Bello en el prólogo de su *Gramática*: «El mayor mal de todos, y el que, si no se ataja, va a privarnos de las inapreciables ventajas de un lenguaje común, es la avenida de neologismos de construcción, que inunda y enturbia mucha parte de lo que se escribe en América, y alterando la estructura del idioma, tiende a convertirlo en una multitud de dialectos irregulares, licenciosos, bárbaros; embriones de idiomas futuros, que durante una larga elaboración reproducirían en América lo que fue la Europa en el tenebroso período de la corrupción del latín. Chile, el Perú, Buenos Aires, México, hablarían cada uno su lengua, o por mejor decir, varias lenguas, como sucede en España, Italia y Francia, donde dominan ciertos idiomas provinciales, pero viven a su lado otros varios, oponiendo estorbos a la difusión de las luces, a la ejecución de las leyes, a la administración del Estado, a la unidad nacional». Ver: https://www.cervantesvirtual.com/obra-visor/gramatica-gramatica-de-la-lengua-castellana-destinada-al-uso-de-los-americanos--0/html/ff6ef310-82b1-11df-acc7-002185ce6064_45.html#I_16

27 De las lenguas disponibles en Hispanoamérica, solo el español se hallaba equipado plenamente a nivel de gramática y léxico para acometer las tareas propias de estados modernos. Las otras lenguas eran —y son— absolutamente equipables, por supuesto, pero ello requiere un esfuerzo y unos recursos que no han sido desplegados hasta hoy, por resultar esto muy costoso y porque la función ya está siendo desempeñada por el español.

Academia Española y sus correspondientes americanas, así como personalidades de la talla de Andrés Bello, tejieron redes y marcos conceptuales que contribuyeron a que la ruptura política no acarreara una lingüística[28].

El extraordinario saldo de lo anterior es que la lengua española permanece en los territorios hispanoamericanos y lo hace con un porcentaje de hablantes muy superior al que poseía durante la administración imperial: ha pasado de, como máximo, un 30 % entonces a más del 90 % de la población ahora[29]. Además, de este último porcentaje, la inmensa mayoría posee el español como lengua materna, lo cual genera una muy fuerte lealtad lingüística, dado que implica no solo comunicación, sino también afecto, identidad, pertenencia. Así, la lealtad mencionada, unida al crecimiento demográfico de la población y a la difusión del español a través de todos los ámbitos en los nacientes Estados, ha dado como saldo firmeza y gran escala: el español emprende su andadura en el siglo XXI con una cifra que ronda los 500 millones de hablantes —en su mayoría maternos—en un mundo de aproximadamente ocho mil millones de personas. La gran escala, imprescindible para la talla necesaria en estos tiempos, está ase-

28 Santiago Muñoz Machado, en su obra *Hablamos la misma lengua,* sostiene con tino que la secesión de los países hispanoamericanos no fragmentó el español en idiomas distintos, sino que, por el contrario, se mantuvo una notable unidad gracias a factores como la lengua escrita, que actuó como elemento unificador; las élites criollas, que promovieron el idioma como símbolo de identidad; y la Real Academia Española, que siguió siendo un referente lingüístico.

29 En efecto, la administración de las repúblicas abandonó la «política lingüística pentecostal» —hablar a cada fiel en su lengua, apreciada por los Habsburgo y la Iglesia— y se inscribió en el jacobinismo francés: una sola lengua para una república. Santiago Muñoz Machado abunda. La expansión del español en América durante el siglo XIX se debió a una combinación de factores: la educación pública en español, su uso en la administración, la influencia de los medios de comunicación, y la migración y el comercio interregional. Estos elementos impulsaron la necesidad de un idioma común y contribuyeron a su difusión, aunque con variaciones regionales y resistencia de algunos grupos indígenas. A lo largo del siglo, el español se consolidó como lengua mayoritaria, sentando las bases del panorama lingüístico actual.

gurada: solo el chino mandarín supera a nuestro idioma en lo que a hablantes de lengua materna se refiere.

Hemos insistido en factores cuantitativos: somos muchos, centenares de millones, en inmensos territorios. Y es cierto. Además, la tasa de transmisión de la lengua de padres a hijos —salvo en los EE. UU., donde no es lengua oficial— es casi total. Pero, dada la exuberancia demográfica de África y Asia, entramos poco a poco en una retracción porcentual de nuestro peso mundial: seremos siempre más, pero representaremos menos. Sin embargo, salvo imprevistos, seguiremos teniendo un factor cuantitativo relevante en lo que resta de siglo. Ahora bien, «muchos», aunque es fundamental para llegar a las escalas necesarias, no es suficiente. El hindi —si sumamos a los que lo hablan como lengua vehicular— tiene más hablantes que el español... pero no sube al podio de la fuerza, irradiación e influencia que deseamos activos en nuestra lengua para que sea generadora de un proceso centrípeto y ascendente. A las cantidades hay que sumar calidades.

APROVECHAR Y PROTEGER LA LENGUA: HABLANTES CABALES

El conocimiento *cabal* de la lengua por parte de los propios hispanohablantes es la piedra angular del edificio panhispánico: *el uso deficiente de nuestro idioma perpetúa la incapacidad de agregar valor, traba la participación ciudadana pertinente y degrada la fortaleza de nuestro lazo principal.* En efecto, muchos hispanos se expresan con un léxico limitado, una sintaxis errática y sin adecuación al contexto: ello los excluye cultural y económicamente y lastra gravemente a las sociedades de cada país hispano e incluso al orbe hispánico íntegramente considerado[30].

30 Trato lo aquí referido en mi artículo «La lengua; clave de inclusión y soberanía», publicado originalmente en la página C-1 del diario *El Nacional* de Caracas el 16 de octubre de 2004, de posible consulta en https://es.scribd.

En sociedades complejas y mayoritariamente urbanas, el conocimiento de la lengua exige un acceso a registros —modos de hablar— que van más allá de los disponibles en el seno de nuestras casas o en el bar o en el patio de juegos: la ciudad globalizada pide capacidades de trato, discernimiento, concepción, diseño, planificación y ejecución que demandan un uso del idioma que la mera tradición no puede transmitir. Estas capacidades suelen aprenderse, siguiendo técnicas precisas, en un medio artificial llamado escuela: ella es la distribuidora de la plenitud lingüística. Cuando funciona, nos dota del instrumento de aprendizaje, conocimiento y comunicación más formidable, gracias al cual podemos entrar en contacto efectivo con la diversidad y la complejidad, aspirar a ambiciosas navegaciones, tener opciones diversas, enriquecernos y enriquecer en todos los ámbitos. Cuando fracasa, nos circunscribe al círculo inmediato, la repetición de rutinas, la pobreza[31]. *Es un hecho que muchos hispanoha-*

com/document/477629666/La-Lengua-Clave-de-Inclusion-y-Soberania-Carlos-Leanes-Aristimuno .

31 Al respecto escribí lo siguiente en el referido artículo, pensando esencialmente en Hispanoamérica:
«Están frente al teléfono público cotejando lenta y trabajosamente las cifras del papelito con las del teclado. Están ante el cajero automático sin poder usarlo porque «va muy rápido». Están en el aula reprobando una y otra vez las materias. Están en la empresa sin entender las instrucciones para operar la máquina. No saben leer. Aislados de la humanidad, amputados de su amplia herencia, dependientes de mendrugos, prestos a correr tras el ilusionista de turno, van de letras a sonidos sin alcanzar significados. No pueden conectarse a internet, no pueden capacitarse, no pueden hallar un trabajo digno: la periferia de la periferia.
A nadie se le ocurriría reparar un microprocesador con una llave inglesa, ir en traje de baño a una recepción de gala o realizar una fina cirugía con un machete. Sin embargo, muchos hablan igual en toda circunstancia y se sorprenden de no obtener los resultados deseados: inabordable resulta esa reputada firma de consultores de hablar en la entrevista como con los amigotes en un bar. Pretenden avanzar alejados de toda adecuación del hablar al contexto, solo «echando cuentos» y rotando las mismas tres o cinco palabrejas en todas partes. Imposible.
Muchos son capaces de escribir palabras, pero la mayoría no produce textos que revistan una mínima complejidad y comuniquen lo deseado. Con estupor verificamos en aulas universitarias cómo estudiantes entregan tex-

blantes se hallan expuestos a una escuela que no rinde sus frutos quedando así encerrados en su entorno solucionando necesidades apremiantes.

Para hacer tangible lo recién aseverado cabe señalar que, según datos de la UNESCO[32] y el INE[33], combinados con estimaciones de diversas fuentes, calculamos que el analfabetismo absoluto en el mundo hispanohablante afecta a un porcentaje que oscila entre el 5 % y el 7 % de la población adulta. El analfabetismo funcional —incapacidad para leer, escribir y realizar operaciones matemáticas de manera efectiva en situaciones de la cotidianidad— se estima en un rango del 20 % al 30 % en la misma población. Es importante señalar que estas cifras son estimaciones y pueden variar dependiendo de la metodología y las fuentes utilizadas.[34].

Mucha más precisión sobre el déficit educativo la hallamos al calibrar el estado de la comprensión lectora en nuestros países. Imposible exagerar la importancia de este factor: quien no entiende cabalmente lo que lee encuentra severamente limitadas sus posibilidades de aprendizaje. Gregorio Luri ha aseverado —parafraseo de memoria— que hasta los nueve años aprendemos a leer y a partir de entonces aprendemos leyendo. Es por ello muy grave que la puntuación promedio estimada de los estudiantes de cada uno de los países hispanohablantes en la sección de comprensión lectora de la prueba PISA de 2022 sea inferior a la media de la OCDE (476): España (474) , Chile (448), Uruguay (430), Costa Rica (415), México (415), Colombia (409), Perú (408),

tos ininteligibles, no solo para nosotros, sino para sus propios compañeros: solo el autor los entiende. Con sorpresa decreciente vemos cómo aumenta la frecuencia de amasijos de conceptos yuxtapuestos en periódicos, instrucciones, avisos, leyes, publicidad. Cada vez menos comunicación significativa, esclarecedora, penetrante.

La expresión está fracturada: cultivamos miseria».

32 Ver https://uis.unesco.org/

33 Ver https://www.ine.es/

34 A título comparativo, vale la pena consignar que en el África Subsahariana el analfabetismo absoluto ronda el 27-30 % de la población adulta y en el Sur de Asia el 25-30 %.

Argentina (401), Panamá (392), Guatemala (374), Paraguay (373), El Salvador (365), República Dominicana (351). El primer país hispano en la clasificación —España— ocupa el lugar 29 de un total de 81 países evaluados en todo el mundo. El promedio total del grupo hispano es de 404. Esta posición sería incluso inferior si a la prueba se hubiesen sometido la totalidad de los países hispanohablantes.

Sobre España en particular, la RAE describe en documento de diciembre de 2023[35] titulado «La enseñanza de la lengua y la literatura en España, con especial atención al uso, el conocimiento y el aprendizaje del español» un panorama que, de ampliarse y prolongarse, comprometerían tanto la libertad a todo nivel como la generación de riqueza en cualquier plano. Se indica diáfanamente que, con alarmante frecuencia, «los estudiantes comprenden las palabras que integran los discursos, pero no son capaces de armar globalmente el significado», que «muestran una considerable pobreza léxica», que los textos que producen «muestran considerables fallos de sintaxis y de morfología». Se detecta «una notable penuria expresiva», un dominio insuficiente «de los registros lingüísticos y de los niveles de lengua», dificultades en «distinguir la lengua oral de la escrita», en «ajustar el léxico y la sintaxis a las condiciones contextuales del discurso y al grado de formalidad de la situación comunicativa».

Cabe señalar también que algunos países poseen sistemas educativos claramente a la deriva: ejemplo neto resulta el caso venezolano, tal como lo demuestran los resultados del Sistema de Evaluación de Conocimientos en Línea (SECEL) correspondientes al año escolar 2021-2022, elaborados por la Escuela de Educación de la Universidad Católica Andrés Bello[36]. En el caso

35 Consultable íntegramente en https://www.rae.es/noticia/la-ensenanza-de-la-lengua-y-la-literatura-en-espana-con-especial-atencion-al-uso-el

36 Consultables en https://investigacion.ucab.edu.ve/2022/11/17/resultados-secel-2022-rendimiento-de-los-estudiantes-de-bachillerato-sigue-deteriorandose/

de este país sostengo incluso que se ha llegado a un extremo: asistimos a una verdadera demolición del aparato educativo como parte de un diseño de envilecimiento lingüístico para reforzar la sumisión política. Así lo planteo en mi ensayo *Lengua para la libertad y libertad para la lengua en Venezuela*[37].

Adecuación y plenitud lingüísticas de cada hablante en cada situación en que se encuentre: ese sería el utópico desiderátum. Hacia él, como ideal, se debe tender: ciudadanos en plena posesión de la lengua son clave de libertad y riqueza. Ahora bien, teniendo presente ese horizonte, debemos atacar eficaz, inmediata y panhispánicamente tanto el analfabetismo absoluto como el funcional, so pena de mantener un lastre de marginalidad tan pesado que nos impida el despliegue pleno de nuestro potencial tanto colectivo como individual. A fin de lograr lo anterior, consideramos conveniente aprovechar instituciones existentes, como el Observatorio Global del Español[38] y el Convenio Andrés Bello[39],

37 Se halla en el libro de Canova González, A., Leáñez Aristimuño, C., Graterol Stefanelli, G., Herrera Orellana, L. y Matheus Hidalgo, M. titulado *La neolengua del poder en Venezuela*. El referido ensayo se encontrará en su integralidad consignado como anexo al final de este libro.

38 El Observatorio Global del Español —dependiente de presupuestos españoles, europeos y fondos privados— inició sus operaciones a finales de 2024. Sus primeros proyectos se centran en el análisis del español en Brasil y Marruecos. Sin embargo, el Observatorio tiene un carácter global y su objetivo a largo plazo es analizar la situación del español en todo el mundo, incluyendo, por supuesto, Hispanoamérica. Su capacidad para generar estudios e impulsar proyectos lo convierte en una herramienta clave para abordar el desafío del analfabetismo absoluto y el analfabetismo funcional en Hispanoamérica.

39 Organismo internacional para la cooperación educativa, científica y cultural en América Latina. Sus países miembros son: Bolivia, Chile, Colombia, Cuba, Ecuador, España, México, Panamá, Paraguay, Perú, República Dominicana y Venezuela. Su misión es contribuir a la integración y el desarrollo de los países miembros a través de la cooperación en educación, ciencia, cultura y tecnología. Su amplia experiencia en la promoción de políticas educativas regionales lo convierte en un actor clave para impulsar un Plan Continental de Superación del Analfabetismo.

para articular una estrategia conjunta y eficaz en el área que lo necesita con extrema urgencia: Hispanoamérica.

El Observatorio Global del Español, recién creado, puede tener un papel fundamental en el diseño de las estrategias idóneas, gracias a su capacidad para generar estudios prospectivos globales[40]. Proponemos encomendar al Observatorio la elaboración de un estudio exhaustivo que determine la magnitud del problema en cada país, identifique las causas y consecuencias, analice las políticas públicas implementadas y proponga recomendaciones para la creación e implementación de un Plan Hispanoamericano de Superación del Analfabetismo. Los resultados de este estudio podrían presentarse ante el Convenio Andrés Bello, organismo internacional para la cooperación educativa, científica y cultural en el orbe hispánico, con el fin de generar un compromiso político entre los países miembros, facilitar la coordinación de esfuerzos, intercambiar buenas prácticas, establecer metas verificables y acotadas en el tiempo y movilizar recursos. Sería conveniente también explorar la posibilidad de obtener colaboración de otras instituciones relacionadas con temas como el que nos ocupa, tales como la Organización de Estados Iberoamericanos (OEI), la Comisión Económica para América Latina y el Caribe (CEPAL), el Instituto Cervantes, la Agencia Española de Cooperación Internacional para el Desarrollo (AECI), universidades, centros de investigación y organizaciones de la sociedad civil. Todo ello siempre que no diluya la responsabilidad política

40 El director del Observatorio, Francisco Moreno Fernández, indicó que «Es necesario contar con redes de centros de español en distintas comunidades», y que el Observatorio, por lo tanto, funcionará con varios centros principales: Alcalá, Harvard, Japón y México (Observatorio del Español para América Latina y Caribe, con sede en la UNAM). García Montero dijo además que «Se está trabajando para crear otro en África, en Guinea Ecuatorial». Se trata de una red efectivamente global. Ver: https://elpais.com/cultura/2024-11-11/el-instituto-cervantes-crea-un-observatorio-del-espanol-para-america-latina-y-el-caribe-en-mexico.html

de los Estados miembros del Convenio Andrés Bello o dilate ejecutorias urgentes.

En definitiva, la superación del analfabetismo absoluto y el analfabetismo funcional requiere un esfuerzo conjunto de todos los países hispanos. Aprovechar la institucionalidad existente, realizar un estudio riguroso y prospectivo, y articular un plan de acción concertado son pasos fundamentales para garantizar que todos los hispanohablantes tengan la oportunidad de desarrollar plenamente sus habilidades lingüísticas. Pensamos que esto no surgirá —a nivel panhispánico— sin una presión efectiva sobre nuestras élites que la fuerce a concertarse y actuar. Sobre cómo esta presión se está construyendo hablaremos en capítulos posteriores.

Reiteramos: sin una posesión adecuada de la lengua por parte de amplios sectores, el desarrollo de los hispanos como individuos y de la macrocomunidad que necesitamos para ser viables en el marco global es sencillamente imposible: el español es nuestra fuente máxima de generación de valor e identidad. Por ello, el hablante cabal es nuestra primera línea de defensa del futuro que anhelamos y el hablante precario la principal amenaza: pobreza e inconsciencia son el marco perfecto para el caos y la disolución.

TODOS LOS TÉRMINOS EN TODOS LOS ÁMBITOS

El hablante cabal no puede rendir frutos si su instrumento de trabajo es insuficiente para la tarea que debe realizar. De hecho, la mayoría de los hablantes que abandonan sus lenguas maternas lo hacen porque estas ya no resultan aptas en los nuevos contextos —el sedentarismo tras modos nómadas, la gran ciudad tras dejar el campo, la globalización tras unas fronteras cerradas— y casi nunca hay recursos ni tiempo para protegerlas o equiparlas. Nuestra lengua se encuentra entre el puñado —no más de diez idiomas en un conjunto de alrededor de siete mil[41]— capaz actualmente de aprehender los nuevos contextos, bien porque ya posee los recursos necesarios o bien porque, de no poseerlos a plenitud, puede movilizar con facilidad, dada su escala y medios, lo necesario para incorporarlos[42]. Esta necesidad de equipamiento, en el caso del español, se despliega básicamente en dos vertientes: una terminológica y otra tecnológica.

El español, como megalengua[43] que es y para mantenerse como tal, debe poder abordar cualquier fenómeno, por más especializado o ajeno que sea, con un vocabulario consensuado panhispánico. Hay aquí un cierto rezago en los campos de la ciencia y la tecnología, ya que la generación terminológica primaria ocurre generalmente en inglés y luego vienen las traducciones a todos los otros idiomas. ¿Qué hacer? Cuando un científico o un técnico no encuentra una palabra en español para describir un fenómeno, tiene varias estrategias a su disposición, dependiendo de si la palabra ya existe en nuestro idioma, pero no puede encontrarla, o de si no existe en absoluto. En el primer caso, puede consultar a colegas y participar en foros especializados como ResearchGate (https://www.researchgate.net/) y LinkedIn (https://www.linkedin.com/), explorar glosarios especializados, libros de texto y artículos científicos, y utilizar bases de datos terminológicas como IATE (https://iate.europa.eu/) y TERMCAT (https://www.termcat.cat/). También puede aprovechar los recursos terminológicos

41 Ver Ethnologue: https://www.ethnologue.com/

42 Toda lengua es equipable para aprehender la realidad a la cual ha de hacer frente. Dicho equipamiento, en las sociedades de la tradición, relativamente aisladas, ocurría de manera gradual, lenta y espontánea. En las sociedades actuales, urbanas y desenclavadas, el proceso de equipamiento, so pena de ser marginalizadas, tiene que ser rápido para estar acompasadas con las sociedades cuyas lenguas lideran procesos e introducen abruptamente cambios globales. Esto implica inversión de recursos de los cuales la mayoría de las lenguas carece: el 92 % de ellas no sobrepasa los 50 000 hablantes.

43 Conceptuamos como megalenguas aquellas que poseen más de cuatrocientos millones de hablantes nativos, tienen peso internacional y óptimo equipamiento gramatical, léxico y tecnológico. Calzan en este marco hoy solo tres de las siete mil lenguas existentes: el español, el inglés y el chino mandarín.

y documentales de universidades como la Universidad de Vigo (https://linkterpreting.uvigo.es/recursos-terminologicos-y-documentales/) y del cibersitio «Enclave de Ciencia» (https://enclavedeciencia.rae.es/contenidos/sobre-edc) en el que la RAE y la Fundación Española para la Ciencia y la Tecnología despliegan «una plataforma de servicios lingüísticos destinada a facilitar el manejo y la comprensión del vocabulario científico-técnico». Si la palabra en español no existe, puede crear un neologismo basado en raíces y morfología españolas, proporcionando una justificación detallada para el nuevo término. Alternativamente, puede describir el fenómeno utilizando frases claras y precisas, o emplear términos extranjeros adaptados a la ortografía y morfología del español. Para asegurar que el nuevo término sea conocido y reconocido, el científico o técnico puede publicar artículos en revistas especializadas, presentar el término en conferencias y seminarios, y escribir en blogs científicos. Además, es importante notificar y solicitar asesoramiento a entidades como TERMCAT y organismos de normalización como ISO (https://www.iso.org/home.html) para la validación y difusión del término. También puede ser útil informar a asociaciones profesionales y proponer la inclusión del término en bases de datos como IATE y glosarios especializados. Finalmente, al usar el nuevo término, es conveniente hacerlo junto con la palabra en inglés entre paréntesis durante la primera mención para lograr total exactitud y facilitar la comprensión. Estas estrategias aseguran que los términos técnicos y científicos en español sean comprensibles, precisos y reconocidos por la comunidad hispanohablante, reforzando así la vitalidad y actualidad de nuestra lengua[44 45].

El laberinto de recursos para mantenerse actualizado en la terminología especializada en lengua española, como vemos, es intrincado. Se echa de menos una gestión panhispánica del tema,

44 Hispanoamérica ha realizado también contribuciones en la creación y consulta de términos científicos y técnicos especializados a través de diversas instituciones y recursos. La Academia Mexicana de la Lengua es clave en la actualización y preservación del léxico técnico y científico en México, accesible en https://academia.org.mx/. La Universidad Nacional Autónoma de México (UNAM) ofrece múltiples recursos y diccionarios especializados a través de sus facultades, disponible en https://www.unam.mx/. El Consejo Nacional de Ciencia y Tecnología (CONACYT) en México apoya la creación y difusión de términos científicos en https://www.conacyt.gob.mx/. En Argentina, el Centro Panamericano de Terminología (Cerlat) se dedica al desarrollo de terminología específica, y su sitio web es http://www.cerlat.org_site/index.html. La Universidad de Buenos Aires (UBA) participa en la creación de terminología técnica a través de su facultad de Ciencias Exactas y Naturales, disponible en https://www.uba.ar/. La Escuela Politécnica Nacional (EPN) en Ecuador también produce recursos técnicos y científicos, y su sitio web es https://www.epn.edu.ec/. Además, plataformas como SciELO (Scientific Electronic Library Online), que ofrece acceso a publicaciones científicas de América Latina y el Caribe, están disponibles en https://www.scielo.org/, Redalyc, una plataforma de acceso abierto a publicaciones científicas, en https://www.redalyc.org/, y Latindex, que proporciona información sobre revistas académicas y científicas, en https://www.latindex.org/. Estas instituciones y recursos contribuyen significativamente al desarrollo y consulta de terminología científica y técnica en la región.

45 Como esfuerzo iberoamericano cabe traer a colación a RITerm, la Red Iberoamericana de Terminología (https://riterm.org/). Ha contribuido al desarrollo, estandarización y difusión de la terminología técnica y científica en Iberoamérica. Ha fortalecido su red de expertos y organizaciones, organizado conferencias y talleres para fomentar el intercambio de conocimientos, y generado publicaciones especializadas que abordan problemas terminológicos en diversas áreas, incluyendo léxicos bilingües y multilingües. Además, ha trabajado en la creación de terminologías estándar en sectores clave como la medicina y la tecnología, apoyando proyectos de investigación colaborativa entre universidades y manteniendo bases de datos terminológicos accesibles para la comunidad científica. También ha implementado programas de capacitación y distribuido material educativo para facilitar la aplicación de metodologías terminológicas. RITerm ha desarrollado herramientas digitales y ha incorporado tecnologías avanzadas, como la inteligencia artificial, para mejorar el análisis y procesamiento de la terminología. Asimismo, ha formado alianzas estratégicas con otras redes internacionales, promoviendo el intercambio de conocimiento y mejores prácticas.

similar a la que ya existe bajo la dirección de la Asociación de Academias de la Lengua Española en lo que respecta al léxico general, la gramática y la ortografía. Si bien este asunto reviste una gran complejidad, dado que los campos de especialización son prácticamente infinitos e, idealmente, se requiere la colaboración de expertos en las distintas especialidades, así como de terminólogos, el trabajo puede ser aligerado como nunca antes echando mano de los recursos que proporciona la inteligencia artificial[46]. La misión de esta entidad —¿Centro Panhispánico de Gestión Terminológica?— sería monitorear los recursos terminológicos existentes para identificar las lagunas en la terminología, armonizar las soluciones divergentes y compilar el vocabulario en una base de datos que sea ineludible por su calidad y exhaustividad.

Más allá de los ámbitos especializados, conviene evitar los extranjerismos inútiles que surgen del mero contacto entre lenguas en el vértigo que impone la actualidad en las salas de redacción y las redes sociales. ¿Por qué decir *newsletter* si existe la palabra *boletín*?[47] El trabajo de la Fundación del Español Urgente (Fundéu https://www.fundeu.es/) resulta en este sentido funda-

46 La inteligencia artificial podría desempeñar un papel esencial en la gestión terminológica panhispánica. En primer lugar, podría facilitar el monitoreo de recursos terminológicos existentes, analizando grandes volúmenes de texto en español para identificar lagunas. En segundo lugar, a través del procesamiento de lenguaje natural, la inteligencia artificial podría ayudar a armonizar soluciones divergentes al comparar y contrastar términos utilizados en diferentes regiones hispanohablantes. Además, la inteligencia artificial permitiría compilar vocabularios en bases de datos estructuradas y accesibles, creando sistemas de búsqueda eficientes para encontrar rápidamente términos y sus definiciones. Asimismo, podría fomentar la colaboración entre expertos y terminólogos a través de plataformas en línea que integren herramientas de comunicación. Finalmente, la inteligencia artificial sería útil para mantener la base de datos actualizada, realizando un seguimiento de cambios en la terminología a lo largo del tiempo analizando publicaciones relevantes.

47 Los complejos lingüísticos son otro síntoma de subordinación: lo ajeno es mejor que lo propio para la mente alienada.

mental[48]: toma el pulso de los temas candentes[49] y propone las claves de redacción correspondientes para evitar un proceso de divergencia lingüística[50].

Reiteremos: nuestra lengua está esencialmente bien dotada en términos de léxico en todos los ámbitos. Se halla entre las diez más equipadas a nivel mundial[51]. Las lagunas que existen son pocas y,

---

48 El propósito de Fundéu, sin embargo, no se limita a la contención de extranjerismos inútiles. Es más amplio: velar por el buen uso del español en los medios de comunicación. Busca promover el uso correcto del idioma, proporcionando recomendaciones lingüísticas y asesoramiento a periodistas, escritores y cualquier persona interesada en mantener la calidad y precisión del español. La Fundéu se dedica a aclarar dudas, actualizar normas y ofrecer recursos en línea para abordar cuestiones gramaticales, léxicas y de estilo, adaptándose a las necesidades de una actualidad vertiginosa.

49 Al día que escribo estas claves están referidas a algo tan puntual como el atentado acaecido en contra de Donald Trump https://www.fundeu.es/recomendacion/atentado-contra-donald-trump-claves-de-redaccion/.

50 La RAE —que colabora estrechamente con Fundéu— también ofrece varios mecanismos de consulta para los hablantes de español que desean mejorar su uso del léxico general. Entre ellos se encuentran el Diccionario de la Lengua Española (DLE), disponible en https://dle.rae.es/, y el Diccionario panhispánico de dudas (DPD), accesible en https://www.rae.es/dpd. Estos diccionarios proporcionan definiciones, ejemplos de uso, etimologías y soluciones a dudas sobre el uso correcto de palabras y expresiones. Además, las consultas lingüísticas pueden realizarse a través del servicio en línea Enclave RAE en https://enclave.rae.es/ o mediante la cuenta de X @RAEinforma, donde se reciben respuestas directas. Los recursos de la RAE —y los de Fundéu— son bastante útiles para resolver dudas generales y algunas técnicas, pero para terminología altamente especializada y moderna es recomendable acudir a diccionarios y bases de datos especializadas, tal como se ha señalado anteriormente.

51 Calibremos el peso de nuestros competidores en el área que nos ha ocupado. El español es importante en la producción científica y técnica, especialmente en Hispanoamérica y España, destacándose en áreas como la medicina, la biología y las ciencias sociales. Sus competidores, en un contexto total de siete mil lenguas a nivel mundial, aunque de talla, son solo seis. Veámoslos en orden. El inglés antes que ninguno. Ocupa un lugar preeminente en la ciencia y la técnica debido a su papel como lengua franca global, facilitando la mayoría de las publicaciones científicas, patentes y conferencias internacionales. El alemán sigue, con una notable tradición en ingeniería y ciencias duras. El chino mandarín está ganando relevancia, gracias al significativo crecimiento de la producción científica en China, especialmente en tecnología avanzada. El francés mantiene su importancia en campos como matemáticas y biología, con una histórica influencia y presencia en varias alianzas científicas internacionales. El japonés, con su enfoque en robótica, tecnolo-

si se toma conciencia de ellas y de la importancia de alcanzar una plenitud terminológica, pueden solucionarse de manera efectiva dado que se poseen holgadamente los recursos humanos, materiales, económicos y tecnológicos para ello.

EL RETO TECNOLÓGICO DEL ESPAÑOL: LA CONVERGENCIA DE LA INTELIGENCIA ARTIFICIAL CON EL PROCESAMIENTO DE LENGUAJE NATURAL

Dijimos que el hablante cabal no puede rendir frutos si su instrumento principal —la lengua— no se halla adecuadamente equipada. Dijimos también que la necesidad de equipamiento, en el caso del español, se despliega básicamente en dos vertientes: una terminológica, recién abordada, y otra tecnológica, que nos ocupará ahora. La vertiente tecnológica implica colocarnos en las entrañas de la ciencia y la tecnología aplicadas al lenguaje para que —con el uso intensivo de la inteligencia artificial (IA) y el procesamiento del lenguaje natural (PLN)— el reconocimiento y la generación de voz, el procesamiento de textos y la traducción automática, entre otros, desemboquen en aplicaciones, aparatos y máquinas que «hablen y escriban» español con adecuación al contexto y plenitud de recursos. Lo anterior es crucial. *Me atrevo a asegurar que las lenguas que logren una adecuada digitalización*[52] *darán acceso a un volumen tan abrumador de vivencias,*

gía de materiales y electrónica, muestra la continua innovación y producción técnica en Japón. El ruso, con una rica tradición en matemáticas, química y física, ha sido un líder en la exploración espacial y la energía nuclear.

52 Entendamos la digitalización como el proceso de convertir información y datos de formato físico o analógico (como documentos de papel, fotos impresas, cintas de video) a un formato digital que puede ser leído, procesado y almacenado por computadoras y otros dispositivos electrónicos. Esto permite acceder, compartir y gestionar la información de manera más rápida y eficiente a través de tecnologías digitales e internet.

bienes y servicios que aquellas que no sean capaces de proveerlos serán rápidamente abandonadas[53].

Veámoslo claro: en un mundo donde la tecnología juega un papel crucial en casi todos los aspectos de la vida cotidiana, la falta de recursos tecnológicos limita enormemente. Una inteligencia artificial plena es fundamental en este contexto: sin ella, la lengua pierde la capacidad de evolucionar rápidamente en el ecosistema digital, es decir, pierde la capacidad de aprender y procesar idiomas de manera eficiente, generar sistemas de traducción más precisos y desarrollar asistentes virtuales que interactúen con nosotros. Aquí es donde entra en juego el procesamiento del lenguaje natural, una rama central de la inteligencia artificial que se ocupa de la interacción entre las computadoras y el lenguaje humano[54]. Este aspecto técnico potencia el reconocimiento y la generación de voz, la comprensión de textos y la traducción automática, convirtiéndolos en herramientas indispensables para una comunicación fluida y accesible en múltiples contextos.

¿Consecuencias? Sin reconocimiento y sin generación de voz, no podemos realizar intercambios con los dispositivos de manera «natural». Sin traducción automática, quedamos aislados y excluidos de muchas oportunidades económicas, educativas, culturales y sociales. Sin procesamiento de textos, se bloquea la creación y el intercambio de contenido escrito y su presencia en medios digitales será muy limitada. Por lo tanto, la digitalización y el desarrollo de herramientas lingüísticas, impulsadas por el procesamiento

---

53 De acuerdo con la UNESCO, de los aproximadamente 7 000 idiomas que se hablan en el mundo, hasta un 40 % están en peligro de extinción. La falta de digitalización, que incluye la falta de implementación de tecnologías de IA, podría acelerar significativamente este proceso.

54 Primero se desarrollan los componentes generales de la inteligencia artificial, y luego el procesamiento del lenguaje natural usa estos componentes para realizar sus funciones específicas en la comprensión y generación de lenguaje humano. Así, la inteligencia artificial proporciona la infraestructura y las herramientas necesarias para que el procesamiento del lenguaje natural sea posible y efectivo.

del lenguaje natural y la inteligencia artificial, son cruciales para la vitalidad lingüística dado que el entorno digital es una nueva y creciente dimensión de la existencia humana.

Gracias al uso de grandes corpus lingüísticos y a los avances en el procesamiento del lenguaje natural, las máquinas han alcanzado un nivel de comprensión y generación de texto en español que sorprende por su precisión y fluidez[55], a menudo comparable a las de un hablante nativo[56]. Estos corpus permiten a las máquinas «aprender» de manera más efectiva cómo se utiliza el idioma en diferentes contextos. Por ejemplo, herramientas de PLN pueden analizar miles de oraciones para comprender las reglas gramaticales, los modismos y las sutilezas del español, lo que les permite crear respuestas más naturales y adecuadas en aplicaciones como chatbots[57] o asistentes virtuales. En el ámbito de la traducción automática, servicios como Google Translate

---

55 El PLN ha avanzado notablemente en diversos idiomas y el español se halla entre los cinco primeros. De más a menos óptimo, el inglés se destaca como el idioma más optimizado debido a sus vastos recursos y la inversión en investigación. Luego el chino, a pesar de sus desafíos estructurales y de escritura, ha experimentado avances significativos gracias a su relevancia económica. Después el alemán, con su enfoque en la gramática y la amplia base de datos disponible, también ha logrado un PLN avanzado. Sigue el francés, por su uso internacional y recursos lingüísticos. Cerramos con el español, que ha visto importantes progresos en herramientas de traducción, análisis de texto y *chatbots.*

56 Un corpus lingüístico es una colección masiva de textos en español que incluye una amplia variedad de géneros y estilos, desde literatura clásica y artículos periodísticos hasta diálogos de redes sociales y conversaciones cotidianas.

57 Sobre la palabra chatbot indica Fundéu:
«*Chatbot* es un sustantivo creado por acronimia, procedimiento por el que se forma una palabra nueva mediante la unión de elementos de otras dos o más palabras ya existentes. En este caso, el diccionario académico ya recoge el término *chat* ('servicio que permite mantener conversaciones intercambiando mensajes electrónicos a través de internet') y admite *robot*, del que *bot es un acortamiento.* Ver: https://www.fundeu.es/recomendacion/chatbot-neologismo-valido/
A partir de estos formantes, nada impide crear *chatbot*, cuyo plural es *chatbots*, con el que se alude a los programas que, basados en la inteligencia artificial, permiten mantener una conversación hombre-máquina simulando las respuestas que daría una persona.

han mejorado significativamente, permitiendo a los usuarios traducir no solo palabras, sino también frases completas con un sentido de contexto que respeta las diferencias culturales y lingüísticas eligiendo sinónimos y estructuras de oraciones adecuados. Por ejemplo, si un usuario escribe «¿Cómo estás?» en un chat, el sistema no solo identifica las palabras, sino que también entiende el tono amistoso de la pregunta y puede generar una respuesta adecuada como «¡Estoy bien, gracias! ¿Y tú?». Este tipo de interacción no solo muestra un dominio del idioma, sino que también destaca la capacidad de las máquinas para participar en conversaciones fluidas y significativas, haciendo que la experiencia del usuario sea más similar a la que tendría en una conversación con una persona real. En resumidas cuentas, estos avances en PLN no solo reflejan una mayor precisión en la comprensión del idioma, sino que también amplían las posibilidades de interacción natural entre personas y tecnologías.

La importancia política del PLN es brutal: gracias a él hablamos con las máquinas y podemos usar la mayoría de las funciones de la IA[58]. Además, el PLN y la IA, como veremos, dadas su omnipresencia y la cantidad de datos que manejan en tiempo real, pueden terminar por moldear nuestro uso del lenguaje, es decir, intervenir directamente en nuestro territorio simbólico. Nada más y nada menos. ¿Y quién controla el PLN —y también la IA— en español? Básicamente, empresas estadounidenses[59],

---

En principio, no hay necesidad de marcar este sustantivo con ningún resalte, comillas ni cursiva».

58 Es posible tener IA sin PLN. La IA es un campo amplio que incluye reconocimiento de imágenes, algoritmos de aprendizaje automático, robótica, sistemas de recomendación, optimización y planificación, y análisis de datos, entre otros. Aunque el PLN enriquece la interacción humano-máquina, estas otras áreas de IA funcionan de manera efectiva sin depender directamente del procesamiento del lenguaje natural.

59 Pero cabe mencionar también, aunque sus ejecutorias nos afectan menos, a cuatro empresas chinas: Baidu, Alibaba, Tencent y Xiaomi (BATX). Son gigantes tecnológicos que impulsan el desarrollo de la IA en áreas como la conducción autónoma, el comercio electrónico, las redes sociales y los dispositivos inteligentes. Invierten miles de millones en IA cada año, con Baidu

que invierten sumas colosales en IA[60] [61]: Google, Microsoft, IBM,

---

liderando con una inversión estimada de 3 400 millones de dólares en 2022. Aunque las cifras exactas varían, se estima que la inversión combinada en investigación y desarrollo de estas empresas en 2022 superó los 40 mil millones de dólares, gran parte de los cuales se destinó a la IA.

60 Las ocho empresas mencionadas están invirtiendo en total más de 240 mil millones de dólares al año en investigación y desarrollo en general. Y hay, dentro de este rubro, una clara tendencia al aumento hacia la inversión directa en IA en todas las empresas analizadas: alrededor de un 30 % del total del rubro. Ello indica un cambio estratégico y tiene implicaciones significativas para la sociedad en su conjunto: la IA está transformando la forma en que vivimos, trabajamos e interactuamos (ver https://www.rdworldonline.com/top-15-rd-spenders-of-2024/ y los sitios web de las empresas citadas en el rubro de gastos en investigación y desarrollo). Por otra parte, cabe agregar que, si bien aproximadamente el 30 % de la inversión en investigación y desarrollo se destina directamente a la IA, otros factores cubiertos por este rubro de inversión, como la computación en la nube, el desarrollo de software y hardware, y la investigación básica también impulsan su avance. En efecto, la nube ofrece la infraestructura para entrenar y ejecutar modelos de IA, el software y el hardware especializados permiten crear nuevas aplicaciones y ejecutar modelos más sofisticados y la investigación básica proporciona fundamentos teóricos y herramientas para el progreso de la IA. En conjunto, estos rubros actúan como un *ecosistema que potencia la IA*, y representan, incluyendo la inversión directa en IA, aproximadamente un 60 % del gasto total en investigación y desarrollo. Esta sinergia acelera la innovación y la aplicación de la IA en diversas áreas. Pero, además de la inversión directa en investigación y desarrollo, estas empresas también están invirtiendo en la adquisición de otras empresas que complementan sus capacidades en IA, lo cual favorece notablemente la innovación.

61 Apenas asume Trump el poder, se anuncia ante él el proyecto Stargate de OpenAI. Se trata de una nueva empresa que, con una inversión inicial de 100 000 millones de dólares, *planea invertir 500 000 millones en los próximos cuatro años* —¡es decir 125 000 millones de dólares al año *ella sola*!— en la construcción de nueva infraestructura de IA en Estados Unidos. Se sostiene que «asegurará el liderazgo estadounidense en IA» y proveerá una «capacidad estratégica para proteger la seguridad nacional de Estados Unidos y sus aliados». Se indica que creará «cientos de miles de puestos de trabajo en Estados Unidos» y que «generará enormes beneficios económicos para todo el mundo». Se informa que «los inversores de capital iniciales son SoftBank, OpenAI, Oracle y MGX. SoftBank y OpenAI son los socios principales. SoftBank estará a cargo de la responsabilidad financiera y OpenAI a cargo de la responsabilidad operativa. Masayoshi Son será el presidente. Arm, Microsoft, NVIDIA, Oracle y OpenAI son los socios tecnológicos clave iniciales». Ver: https://openai.com/index/announcing-the-stargate-project/. Me permito algunos comentarios. La inversión es tan masiva que me interrogo sobre sus reales capacidades de ejecución. En infraestructura de IA en EE.UU. podría, sí, consolidar su liderazgo global en tecnología.

Amazon, Meta, Apple, X y OpenAI[62]. El predominio de empre-

Intensificará la competencia con China. Aumentará la influencia sobre sus aliados. Empresas como Google tendrán que incrementar sus inversiones en IA para mantenerse competitivas. Se obtendrán beneficios económicos y una generación coyuntural de muchos puestos de trabajo en torno a la construcción de la infraestructura, obviamente, pero una IA más potente implicará la automatización de millones de empleos tradicionales, lo que requerirá una adaptación de la fuerza laboral que conllevará un gigantesco reto político y yo diría que incluso antropológico. Por último, no veo claro, al menos en un plazo corto y mediano, que se generen «beneficios económicos *para todo el mundo*». No me parece esto realista. Mientras que algunos harán acopio de poder y riquezas gracias a tecnologías formidables, otros quedarán, al menos en las etapas iniciales, fuera por no detentar aspectos clave de generación y aplicación de la IA.

62 A estas empresas cabe agregar una, también estadounidense, cuyo hardware resulta crucial para el desarrollo de la IA: Nvidia. Se trata de un actor fundamental principalmente por su rol como diseñador y fabricante de las Unidades de Procesamiento Gráfico (GPUs) que impulsan el entrenamiento de los complejos modelos de IA. Si bien ha desarrollado un ecosistema de software, como CUDA, que permite a los desarrolladores aprovechar al máximo la potencia de las GPUs, Nvidia se destaca, por sobre todo, como un proveedor de hardware. Esta combinación de hardware de alto rendimiento y software la convierte en un aliado fundamental para gigantes tecnológicos como Google, Amazon, Meta y OpenAI, *quienes en buena medida dependen de sus productos para impulsar sus avances en IA*. A pesar del desarrollo de chips especializados para IA por parte de algunas de estas empresas, la capacidad de procesamiento de las GPUs de Nvidia, sumada a la madurez del ecosistema CUDA y su constante inversión en investigación y desarrollo —que en 2023 alcanzó los 7 270 millones de dólares— la posicionan como un componente ineludible en la infraestructura de IA actual. Este rol crucial se refleja en el impresionante incremento del valor de sus acciones en los últimos años, que se ha multiplicado por más de 10 desde 2018. Sin embargo, el 27 de enero de 2025, Nvidia experimentó una significativa caída en su valoración de mercado después de que DeepSeek, una empresa china reciente y poco conocida, irrumpiera al mercado mundial de la IA. DeepSeek se distinguiría por su enfoque innovador en el desarrollo de modelos de IA, diferenciándose de la estrategia convencional de depender en gran medida de la potencia de hardware de Nvidia al centrarse más bien en optimizar el uso de recursos y en diseño de arquitecturas de software más eficientes. Lo anterior implicaría una bajada brutal de los costos de producción de IA. Pero cabe señalar que lo que se sabe de Deep Seek, al emanar de un sistema tan opaco como el chino, puede ser *mera propaganda para hacer pasar la IA occidental como dispendiosa e ineficiente*. En todo caso, no hay fuente independiente y confiable que certifique que Deep Seek pueda lograr tanto con tan poco, aunque tampoco se puede certificar lo contrario. Sospecho que estamos ante un capítulo de una nueva guerra fría en donde la IA es central.

sas estadounidenses en el ámbito del PLN y la IA en español tiene impactos significativos. *Estas empresas pueden influir profundamente en la forma en que se utiliza y percibe el español, ya que sus algoritmos y modelos de lenguaje determinan el vocabulario y la gramática que se difunden en potentísimas plataformas digitales.* Es decir, nuestro territorio simbólico podría ser empobrecido, de existir la voluntad política de hacerlo. O incluso sin que exista: por meras inercias algorítmicas.

Recientemente fue publicada en el diario *El Mundo* de Madrid[63] una entrevista que se diría que pone todo de cabeza. Plantea el entrevistado[64] que «Microsoft, Google y Open AI convierten lo que decimos en macrodatos y toman decisiones instantáneas sobre cuál es el uso contextual de cada palabra [...] esos datos tienen una capacidad normativa, porque después se utilizan para producir lenguaje nuevo, con lo que favorecen la inercia de su utilización. Lo más probable es que eso vaya a desplazar al poder normativo de la Real Academia». ¿Es esto grave? Sí, en la medida en que tienda a apisonar los registros y el vocabulario del español, a generar, de abajo hacia arriba, de manera caudalosa, una lengua ramplona y sin normas compartidas, incapaz de matices y complejidad... ¡y que termine en bifurcaciones múltiples en nombre de la diversidad! Matiza el entrevistado: «El hecho de que entre en crisis el poder normativo de la Real Academia no significa que desaparezcan los diferentes registros de la lengua. Lo importante no es cómo hablan Chat GPT o Alexa, sino cómo habla su dueño [es decir, su usuario]. Si el dueño es de una clase sociocultural alta y tiene un español refinado, Alexa le va a tratar con el mismo

---

63 https://www.elmundo.es/cultura/2024/06/25/667ad9b5e4d4d8e6108b4571.html

64 Se trata de David Fernández Vítores, responsable de los informes *El español en el mundo* publicados anualmente por el Instituto Cervantes y que constituyen una verdadera mina de datos actualizados sobre nuestra lengua. Acaba de salir su libro *Panhispania, visita guiada por un país que nunca existió*, editado por Catarata, en el que profundiza esta tesis y otras de sumo interés para lo que nos ocupa.

lenguaje refinado, sabrá utilizar su registro para cazarlo como cliente. No me atrevo a aventurar nada como una certeza pero *el riesgo que yo veo es que esos registros evolucionen en compartimentos*[65]. Es decir, que la persona con un registro alto se quede siempre ahí y el que no (sic), sea incapaz de acercarse a él, porque el modelo le creará inercias de uso. Puede que el idioma se segmente en burbujas de clientes». Resumiendo: Fernández Vítores no ve riesgos en lo que a desaparición de registros se refiere, lo cual podría ser ingenuo[66]. Estima más bien que el problema es que cada quien, al dialogar mucho tiempo con una máquina que hable como él porque se mimetiza con él, quede confinado lingüísticamente, como quien siempre habla con amigos en un bar y se muestra de expresión —y comprensión— precaria o inexistente cuando sale de ese pequeño círculo y situación, con lo cual queda trabado a todo nivel. De estar en lo cierto el entrevistado, es decir, de seguir persistiendo registros para toda situación y grado de complejidad, el asunto podría resolverse con la forja del hablante cabal de la que ya hemos hablado mediante el entrenamiento en los diversos registros en el seno de la escuela. Se trataría de pasar del paradigma actual de corrección de arriba hacia abajo a uno de adecuación y plenitud impartido en la escuela: a cada situación su habla y cada quien capaz de ejecutarla. Ahora bien, en lo personal pienso que la existencia de una institución —o instituciones— con real *auctoritas* que prestigie usos lingüísticos consensuados propensos a afinar el discernimiento y la expresión debe permanecer: no todos los registros deben ser puestos en pie de igualdad ni pueden ser impartidos en su total variedad y, en el forzoso establecimiento de prioridades, no pueden quedar fuera aquellos que sean susceptibles de ampliar más nuestra conciencia.

65 Cursivas mías.

66 Ello implica que confía en una gestión «neutra» de las grandes tecnológicas, es decir, que nunca harán, y que no están haciendo, un aprovechamiento político de sus instrumentos. Puede que tenga razón, pero me parece prudente no asumir esta posición y mantenernos más bien vigilantes.

Continuando con los riesgos que plantean las grandes tecnológicas, debemos también tener en la mira el sesgo existente en ellas por provenir de un único contexto cultural. Ello puede afectar la diversidad en los modelos de lenguaje, afianzando valores que no reflejan el mundo hispanohablante ni su pluralidad. Crucial resulta también la cuestión de la soberanía digital: el control de datos culturales y lingüísticos recabados por estas empresas socava la capacidad de los gobiernos locales de regular y proteger la privacidad de sus ciudadanos.

Desde España se ha comenzado a enfrentar el reto. Podemos señalar, entre otras, iniciativas como MarIA —sistema de inteligencia artificial diseñado para comprender y utilizar el español[67]—, LEIA —proyecto que busca «velar por el buen uso de la lengua española en las máquinas y, por el otro, aprovechar la inteligencia artificial para crear herramientas que fomenten el uso correcto del español en los seres humanos»[68]—, el PERTE Nueva Economía de la Lengua —programa que impulsa la economía digital relacionada con el idioma y asegura su adecuada integración en la tecnología emergente[69]— y, ALIA, «la infraestructura pública de IA en castellano y lenguas cooficiales»[70], que constituye la primera infraestructura de IA pública, abierta y multi-

67 «El proyecto MarIA es el primer sistema de inteligencia artificial masivo y experto en comprender y escribir en lengua española. Por su volumen y capacidades, ha situado a la lengua española en el tercer puesto de los idiomas que disponen de modelos masivos de acceso abierto, después del inglés y el mandarín. Se ha construido a partir del patrimonio documental digital de la Biblioteca Nacional de España, que rastrea y archiva las webs elaboradas en español y se ha entrenado con el superordenador MareNostrum 4. Y se publica en abierto para que los desarrolladores de aplicaciones, compañías, grupos de investigación y la sociedad en general lo puedan utilizar en infinidad de usos». Extraido de https://portal.mineco.gob.es/ca-es/comunicacion/Pagines/211111_np_maria.aspx

68 https://www.rae.es/leia-lengua-espanola-e-inteligencia-artificial

69 https://planderecuperacion.gob.es/como-acceder-a-los-fondos/pertes/perte-nueva-economia-de-la-lengua

70 Ver https://alia.gob.es/

lingüe de Europa[71] [72]. En lo que respecta a Hispanoamérica, se observa una falta de una visión estatal coherente sobre el tema, así como de presupuestos adecuados para su desarrollo. Aunque existen organismos, empresas e investigadores involucrados en el PLN y la IA, sus acciones suelen llevarse a cabo de manera aislada y a pequeña escala, lo que limita el potencial de colaboración y el avance conjunto en estas áreas[73].

---

71 Fue anunciada en junio de 2023 por el Gobierno de España y es coordinada por el Barcelona Supercomputing Center (BSC). Su objetivo es democratizar el acceso a la IA y promover el uso del español en este campo. Existe cierta incertidumbre sobre su relación con un proyecto similar anunciado por el Gobierno en febrero de 2024 («gran modelo de lenguaje de inteligencia artificial, entrenado en español y lenguas cooficiales, en código abierto y transparente», ver: https://www.lamoncloa.gob.es/presidente/actividades/Paginas/2024/250224-sanchez-cena-bienvenida-mwc.aspx), el cual podría ser una mera continuación de ALIA, un cambio de nombre o un proyecto independiente. En todo caso, ALIA, a pesar de tener un presupuesto menor al de gigantes como Gemini o ChatGPT (se estima entre 20 y 100 millones de euros), se posiciona como un proyecto competitivo. Su enfoque estratégico se basa en la especialización en el español y las lenguas cooficiales, el código abierto y la transparencia, la colaboración público-privada, el aprovechamiento de la supercomputación y la especialización en áreas clave como la biomedicina. Ha logrado resultados concretos como el desarrollo de chatbots en español, generación de contenido, mejora de la traducción automática, análisis de sentimientos y comprensión del lenguaje natural. Ver: https://sciencebusiness.net/network-updates/bsc-alia-europes-first-public-open-and-multilingual-ai-infrastructure.

72 Cabría mencionar también que instituciones académicas como la Universidad Politécnica de Madrid y la Universidad Pompeu Fabra han creado centros de investigación dedicados a desarrollar tecnologías de procesamiento del lenguaje natural (PLN), colaborando con empresas para llevar estos avances al mercado. Además, se están implementando programas de formación en inteligencia artificial y PLN en el ámbito educativo, como másteres y cursos especializados, preparando a la nueva fuerza laboral para trabajar con estas tecnologías. Por último, la creación de recursos lingüísticos y directorios accesibles, impulsados por universidades, organismos gubernamentales y empresas, facilita a investigadores y desarrolladores trabajar con el español de manera efectiva.

73 Varios estudios, generalmente referidos al conjunto «América Latina», destacan la insuficiencia de inversión en tecnología del lenguaje y desarrollo de inteligencia artificial. Por ejemplo, el informe de la Unesco de 2022 indicó que menos del 1 % del presupuesto estatal en la mayoría de los países latinoamericanos se destina a investigación y desarrollo en tecnología de la información y la comunicación. Además, un estudio del Banco Interamericano de

Los esfuerzos descritos, aunque significativos y necesarios, son insuficientes ante el absolutamente apabullante predominio de empresas estadounidenses. Debemos reaccionar: la evolución del idioma y de la identidad cultural no puede escapársenos totalmente de las manos en la era digital. De nuevo estamos ante la necesidad urgente e imperativa de promover iniciativas panhispánicas potentes: políticas públicas que prioricen la investigación y el desarrollo en estas áreas, la mejora de la educación y capacitación tecnológica en todos los niveles, la creación de consorcios hispanos para trabajar en proyectos conjuntos y, de inmediato, pesando todos juntos, la firma de pactos estratégicos entre entidades panhispánicas y las grandes corporaciones estadounidenses del sector.

Los hispanos unidos —y solo unidos— claramente podemos llevar a las grandes tecnológicas a una mesa de negociación para garantizar que la digitalización de la lengua española no acarree su empobrecimiento, sino que, al contrario, la enriquezca[74]: tenemos el poder de hacerlo porque nosotros poseemos la posibilidad técnica[75] de bloquear sus servicios en nuestros países y ellas no

---

Desarrollo (BID) reveló que solo el 18 % de las instituciones educativas en la región ofrecen formación en habilidades digitales avanzadas.

74 En este sentido, la Real Academia Española ha establecido convenios con empresas como Microsoft y Google para asegurar que el español sea respetado y promovido en sus plataformas. Con Microsoft, ha establecido colaboraciones para garantizar la inclusión de la lengua española en sus productos, así como el desarrollo de correctores gramaticales y de estilo que respeten las normas del español. Con Google, ha suscrito convenios que han incluido la protección del uso del español en la búsqueda y la optimización de servicios como Google Translate, así como la creación de contenido que refleje la diversidad y riqueza del idioma. Esto sienta un precedente importante para una negociación completa y panhispánica en asuntos de inteligencia artificial y procesamiento del lenguaje natural.

75 Los gobiernos pueden imponer restricciones a servicios de internet a través de diversas herramientas y regulaciones. Esto ya se ha visto en países como China, donde el acceso a muchas plataformas occidentales está bloqueado y se utilizan alternativas nacionales. Los gobiernos pueden ordenar a los proveedores de servicios de internet (ISP) que bloqueen ciertas direcciones IP, nombres de dominio o aplicaciones específicas, lo que impide que los usuarios accedan a estos servicios.

desean privarse de un gigantesco mercado. Sobre esta poderosa base de negociación, debemos y podemos llegar a un beneficio mutuo que implica para nosotros el logro, con firmeza y serenidad, de la seguridad imprescindible para que la lengua española se desarrolle de manera plena, rica, libre y variada. Esto implicaría asegurar que los algoritmos y modelos de IA y PLN respeten y promuevan la riqueza léxica y sintáctica del español, así como un dominio cabal de sus múltiples registros. Y, más allá de lo estrictamente lingüístico, también sería fundamental mitigar al máximo el sesgo anglosajón presente en los algoritmos, asegurando que la inteligencia artificial no nos transmita subrepticiamente valores y normas culturales ajenas susceptibles de impedir un conocimiento recto, subordinarnos o alienarnos. También es crucial garantizar que no se pierda la soberanía digital: los datos recopilados por estas tecnologías deben ser gestionados de manera transparente y controlada, protegiendo la privacidad de los ciudadanos y preservando la integridad cultural de los países hispanohablantes. Deben, por último, acordarse mecanismos de auditoría y revisión independientes para garantizar el cumplimiento de lo acordado.

El futuro del español en la era digital depende de un acuerdo panhispánico. Unidos, debemos proteger y promover nuestra lengua en toda su riqueza y diversidad. Con una voluntad conjunta, una estrategia bien definida y apalancándonos en centenares de millones de personas, tendríamos todo para asegurar que el español no solo sobreviva, sino que prospere y se fortalezca en el mundo digital, preservando y enriqueciendo nuestras identidades y culturas. La digitalización de la lengua y la cultura, junto a 500 millones de hablantes/consumidores, constituyen un binomio que abre una gigantesca oportunidad de plenitud al orbe hispánico.

EL ESPAÑOL EN TODO TERRITORIO HISPANOHABLANTE: PARA TODOS Y EN TODOS LOS ÁMBITOS

En estricto orden alfabético, el español es lengua oficial nacional en veintiún entidades políticas[76]: Argentina, Bolivia, Chile, Colombia, Costa Rica, Cuba, Ecuador, El Salvador, España, Guatemala, Guinea Ecuatorial, Honduras, México, Nicaragua, Panamá, Paraguay, Perú, Puerto Rico, República Dominicana, Uruguay y Venezuela. El estatus de lengua oficial implica *gozar de un reconocimiento constitucional que conlleva un uso, cuanto menos prioritario, en todos los ámbitos:* actos gubernamentales, educación, administración pública, justicia y medios de comunicación. Este estatus otorga a la lengua oficial nacional prestigio y garantiza su promoción y desarrollo. Sus hablantes tienen el derecho a utilizarla en todos los ámbitos de la vida y, en ocasiones incluso, el deber de conocerla[77].

Sin embargo, a pesar de las garantías jurídicas y de la sólida implantación del español en los territorios que la tienen como lengua oficial nacional, el derecho a utilizarlo, en ocasiones, no se despliega a plenitud. En esos casos, se impone garantizar rotundamente el derecho a su uso, bien sea como lengua materna o como lengua vehicular. Reiteramos: todo ciudadano en territorio hispanohablante debe poder, en español, educarse, dirigirse a las instancias públicas y privadas, intervenir en la política, divertirse, compartir, trabajar y consumir, en suma, desplegar todas las facetas de su vida. Pero es claro que esto se ve a veces seriamente entorpecido e incluso totalmente obstaculizado. En ocasiones lo es por ciertas prácticas en ámbitos donde pesa el inglés[78]: publici-

76 No hablo de Estados, ya que Puerto Rico, por ahora, no lo es.

77 Es el caso del español en España. En efecto, reza su constitución: «El castellano es la lengua española oficial del Estado. Todos los españoles tienen el deber de conocerla y el derecho a usarla».

78 Remitimos a la sección de este libro referida al trabajo terminológico necesario. Deseamos también mencionar una obra de 2008, del periodista Álex Grijelmo, titulada *Defensa apasionada del idioma español*, que trata de forma

dad, comercio, finanzas, ciencias, tecnología, incluso educación[79].

amena y pertinente el tema que nos ocupa. En esta obra Grijelmo señala que la presión social y la idea de que el inglés es una lengua de prestigio pueden llevar a algunos hispanohablantes a sentir que su propio idioma es inferior. Este complejo de inferioridad puede manifestarse en un uso excesivo de anglicismos, incluso cuando existen términos equivalentes en español, o en una actitud de vergüenza o inseguridad al hablar en español en determinados contextos.

El autor critica esta actitud y defiende la necesidad de que los hispanohablantes se sientan orgullosos de su lengua y la utilicen con confianza en todos los ámbitos. Grijelmo argumenta que el español es un idioma rico y expresivo, con una larga historia y una gran proyección internacional, y que no hay razón para sentirse inferior ante el inglés, con lo cual concordamos a plenitud. Además, me place señalar que, al refrescar mis subrayados del libro para hacer esta nota, constato que «la invasión del inglés» que denunciaba el autor se halla hoy más bien en retracción: el anglicismo no llega necesariamente para quedarse, es con frecuencia sustituido por palabras ya preexistentes o neologismos perfectamente hispánicos. Señalemos, en todo caso, que para que una lengua se halle realmente amenazada de extinción, la invasión de léxico extranjero tendría que ser absolutamente masiva y, además, venir acompañada de pérdida de dominios de uso clave, simplificación de la gramática y el vocabulario y actitudes negativas hacia la lengua. Esto no está ocurriendo en ninguno de los países que hoy son oficialmente hispanohablantes.

79 Llama la atención en este contexto el Programa Bilingüe de la Comunidad de Madrid (PBCM), en el que más de la mitad del alumnado de primaria y secundaria recibe al menos un tercio de su educación en inglés. Es decir, *el inglés no es solo lengua enseñada, sino también lengua de enseñanza.* Esto plantea un error pedagógico. En efecto, un estudio publicado en *El País* (https://elpais.com/educacion/2023-05-26/el-programa-bilingue-de-la-comunidad-de-madrid-un-modelo-agotado.html?event_log=oklogin) reveló que la mayoría del profesorado percibe que este programa empobrece el aprendizaje, afecta negativamente la comprensión del alumnado y simplifica las evaluaciones. Además, se considera que el PBCM perjudica el aprendizaje del castellano, reduciendo el vocabulario y generando problemas de expresión escrita y comprensión lectora. Por si fuera poco, esta situación contradice los decretos curriculares, que establecen que la terminología de las asignaturas debe adquirirse en ambas lenguas. El estudio también señala que el programa vulnera el *derecho de los estudiantes a ser educados en su lengua materna*, tal como ha planteado la Real Academia de la Lengua Española. Esto último es gravísimo: el hacer que el alumnado reciba saberes y cultura en una lengua ajena afecta su sentido de pertenencia, el orgullo, los afectos, la identidad. Por otro lado, la Comunidad de Madrid, capital de uno de los países principales de lengua española, país cuna de la misma, comete un grueso error político, da una señal de subordinación cultural rotunda al invertir dinero público colocando al inglés en el rol más alto posible: como lengua de enseñanza que abre el universo a los jóvenes. Este rol —salvo en los

Otras veces puede serlo por esnobismo o complejos[80]. Otras, por carencias educativas[81]. Y en ocasiones por una de gran peligrosidad política: la cooficialidad mal entendida.

Detengámonos un tanto en la cooficialidad mal entendida. En este sentido, el caso de Cataluña es emblemático. Los hispanohablantes, que son clara mayoría, enfrentan allí severas dificultades para el uso de la lengua oficial nacional: un intento de desplazamiento total del español en todos los ámbitos, absolutamente inconstitucional, está claramente en curso. Esto es palpable particularmente en áreas tan sensibles como la administración pública, el sistema sanitario y el sistema educativo, lo cual pone en riesgo el acceso a servicios básicos, lastra el rendimiento académico, dificulta la integración social y degrada la calidad de vida en general del hispanohablante. Ante tal situación, los hispanohablantes en Cataluña han emprendido diversas acciones para defender sus derechos lingüísticos: han formado y fortalecido asociaciones que organizan campañas, manifestaciones y acciones legales para visibilizar la discriminación y exigir soluciones; han presentado numerosas denuncias y recursos ante los tribunales; han organizado manifestaciones multitudinarias

---

cursos en los que la lengua extranjera es la materia— debe estar reservado al español por razones pedagógicas, culturales y políticas. Sí, políticas. En un mundo donde tres megalenguas —chino mandarín, inglés y español— compiten por espacios de influencia, dar una señal de subordinación al inglés desde una instancia pública española, resulta una torpeza. Si se considera necesario, por supuesto, se podrían ofrecer escuelas que refuercen el aprendizaje de una lengua extranjera —no necesariamente el inglés— mediante talleres, más horas de clase y actividades culturales. En todo caso, cabe señalar que, dados los avances vertiginosos en traducción e interpretación automáticas entre las grandes lenguas —como el inglés y el español— pronto la necesidad de aprender inglés para comunicarse desaparecerá. Solo deberán hacerlo aquellos que tengan una especial admiración por la lengua inglesa en sí o afectos profundos en ella. El resto será resuelto por auriculares, micrófono y una aplicación. De hecho, ya Chat GPT puede hacerlo.

80 Al respecto remitimos a las observaciones sobre los relatos inhabilitantes que perturban nuestras representaciones colectivas y, en otro plano, a la obra de Álex Grijemo ya citada.

81 Nos remitimos a los señalamientos referidos al hablante cabal.

y ejercido presión política. Pero el español sigue bajo asedio. Lo anterior se explica a la luz de un tenaz afán secesionista que ve en nuestra lengua una «invasora» que, de no ser desplazada, amenazaría la existencia del catalán y de la propia «nación catalana». Las élites catalanistas bloquean así la posibilidad del surgimiento de una convivencia lingüística —una sana cooficialidad— que sería totalmente factible. Pero, sobre todo, se ponen al servicio de las fuerzas centrífugas que desean seguir fragmentando y diluyendo el universo hispano para que nunca volvamos a la primera división. La moraleja de esto es que debemos estar alerta con el estatus que ocupan las lenguas que hacen vida con el español: igualdad, en la medida en que sea posible y deseado, con nuestra lengua en las regiones en las que son habladas. Ni un ápice menos para el español. Y nunca bajo amenazas secesionistas, sino bajo el sano respeto a identidades locales y al Estado nacional. En otra sección nos extenderemos más sobre este punto.

HABLEMOS ESPAÑOL FUERA DE NUESTRAS FRONTERAS

Lo primero que debe ser negociado en cualquier intervención internacional es en qué idiomas se van a desplegar las conversaciones y documentos. Y los hispanohablantes debemos pesar juntos para que, de ser un solo idioma el utilizado, sea el nuestro[82], y, de ser varios, que el nuestro se encuentre a la par de todos los otros. Siendo el español una megalengua, debemos —para mantener su estatus y para expresarnos a plenitud— hablar, escribir y leer en él en todo contexto internacional público y, de ser

82 Puede plantearse el uso de un solo idioma que no sea el nuestro en una negociación a puerta cerrada y siempre que la lengua seleccionada no sea la materna de ninguno de los interlocutores sentados en torno a la mesa.

posible, privado. Lo contrario implica un grave costo político y económico.

Las lenguas mientras más se usan, más valen y, mientras más valen, más se usan. En efecto, cada vez que un hispanohablante usa su lengua en un contexto de prestigio o de amplia repercusión pública —literatura, ciencia, tecnología, política, diplomacia, finanzas, entretenimiento, divulgación, publicidad—, le agrega valor y la hace más atrayente a propios y extraños. Pero, cada vez que se abstiene de usarla en esos contextos en beneficio de otra lengua, agrega valor a bloques político-histórico-culturales competidores y coadyuva a un eventual proceso de retracción cualitativa de lo propio que, cuando llega a extremos, termina en la folclorización: lenguas circunscritas a la tradición y la familia que terminan por ser abandonadas al no abarcar la esfera pública y de prestigio. Por supuesto, el español se halla a siglos luz de la folclorización. Al contrario: es una de las lenguas más poderosas del mundo. Sin embargo, cada vez que un hispanohablante toma la palabra en un foro internacional en lengua distinta a la suya, o hace lo propio al escribir un artículo científico o al negociar la deuda externa de su país, está invirtiendo en lengua ajena, generalmente el inglés. Comete con ello un error político: debilita a su comunidad lingüística en ámbitos de prestigio y apuntala el prestigio de otros, con lo cual hace a la otra lengua más apetecible porque es percibida como más valiosa y al otro bloque más poderoso[83]. De nuevo, este tipo de situaciones amerita tratamiento

83 Esto resulta particularmente cierto para los jefes de Estado. El jefe de Estado no es un simple líder del poder ejecutivo: representa la unidad nacional y tiene un rol ceremonial y diplomático de alto simbolismo: encarna la nación. Es claramente el caso del rey en España, cuyo período de ejercicio, además, puede ser de décadas. En Hispanoamérica, al contrario, casi todos los países operan bajo sistemas presidenciales donde el presidente actúa como jefe de Estado y jefe de Gobierno a la vez, amén de estar limitado a un corto periodo de ejercicio del poder. En todo caso, todo jefe de Estado hispano —y en particular el rey de España por el claro diseño de su rol y su larga permanencia en funciones— debe utilizar el español como lengua de comunicación internacional para apuntalar el rango mundial de nuestra lengua. Muy particu-

panhispánico y requiere voluntad, apoyo institucional diplomático, orgullo, medios, determinación y, por supuesto, la lengua equipada a plenitud terminológica y tecnológicamente hablando, como hemos señalado con anterioridad. Pero ha de saber también, quien no vea la razón política como suficiente, que su prestación en lengua ajena, a menos que sea un perfecto bilingüe, lo condena a una mediocridad de expresión y comprensión que no puede sino jugar en su contra.

Comunicarse en un idioma extranjero, incluso para aquellos con un alto nivel de competencia, implica un esfuerzo mental y psicológico de talla que suele tener un impacto significativo en el desarrollo y los resultados de una negociación internacional. La fluidez se ve afectada, ya que la búsqueda de palabras adecuadas y la construcción de frases gramaticalmente correctas ralentizan el discurso y dificultan la expresión clara y concisa de ideas. Además, la incomprensión de los matices culturales implícitos en la lengua del otro se cuela en el asunto. La falta de familiaridad con estos matices puede llevar a interpretaciones erróneas de las intenciones y a respuestas inadecuadas, creando tensiones y dificultando la construcción de confianza. Por otra parte, la inseguridad al expresarse en lengua ajena puede ocasionar timidez, ansiedad e incluso la omisión de intervenciones, lo cual impide a los negociadores una defensa cabal de sus intereses.

Resulta entonces crucial nuestra presencia en español en todo el entramado institucional de las organizaciones internacionales en las que se ventile cualquier cuestión que pueda ser de nuestro interés. En algunos casos, hace falta lo más básico: ser una de las lenguas oficiales del organismo en cuestión[84]. Emblemático

larmente cuando en el contexto específico se halle el inglés o el mandarín, lenguas competidoras. Se trata de decirles con ello que el diálogo es entre iguales y de decirnos a nosotros mismos que no somos menos que nadie.

84 No es el español lengua oficial de organismos tan importantes como el Tribunal Internacional de Justicia de la Haya. Solo lo son allí el francés y el

en este sentido resulta el hecho de que el español no es una de las lenguas oficiales de un organismo tan importante como la Organización para la Cooperación y el Desarrollo Económicos (OCDE): solo el francés y el inglés[85]. En otros casos, se posee la oficialidad, pero no la condición de lengua de trabajo efectiva en la cotidianidad del funcionariado y en las reuniones informales o pequeñas entre diplomáticos: es el caso de la ONU o la Unión Europea. Los casos de la ONU y la OCDE deberían ser objeto de tratamiento panhispánico y la instancia de coordinación para estos temas no existe. El caso de la UE, cuyo gestor solo puede ser España, no ha sido atendido adecuadamente: continúa el duopolio del inglés y del francés por inercias históricas, poder político, ubicación de las sedes... ¡y disipación de España que pierde el foco en esta instancia al realizar esfuerzos e invertir dinero para dar un estatus en Europa a lenguas regionales![86]

---

inglés. Sin embargo, diversos actores, incluyendo España, otros países hispanohablantes, instituciones académicas y colegios de abogados, están impulsando la inclusión del español como lengua oficial. Se busca así una mayor representación e inclusión de la comunidad hispanohablante en el ámbito jurídico internacional, reconociendo la importancia global del español y su relevancia en el derecho. Otro organismo en el que no se halla nuestra lengua es la Oficina Europea de Patentes, cuyas lenguas oficiales son el inglés, el francés y el alemán. Sin embargo, cabe señalar que una solicitud de patente europea puede presentarse inicialmente en español —u otro idioma de un Estado miembro—, pero deberá ser traducida a uno de los idiomas oficiales de la OEP en un plazo determinado para continuar con el procedimiento de examen. Tampoco es la nuestra lengua oficial de la OCDE, tema que trataremos de seguidas.

85 Dada la creciente importancia de la comunidad hispánica a nivel mundial, la OCDE debe incluir el español como una de sus lenguas oficiales. Además, cinco de sus 38 estados miembros son hispanohablantes: España, México, Chile, Colombia, y Costa Rica.

86 Nos indica David Fernández Vítores en su recién publicado libro *Panhispania: Visita guiada por un país que nunca existió*: «el Estado español consiguió en 2005 que el catalán, el gallego y el euskera fueran consideradas como lenguas de comunicación con la ciudadanía, aunque no como lenguas oficiales. Desde entonces, se permite que los europeos utilicen las tres lenguas en las preguntas y respuestas que remiten, por ejemplo, a la Comisión Europea. Eso sí, con cargo al Estado español. Un nuevo intento para su inclusión en el repertorio de lenguas oficiales se produjo en septiembre de 2023 en el marco de las negociaciones para formar un Gobierno de coalición en España, pero,

En el panorama global de entes que actúan a nivel internacional, y en los cuales los Estados no son protagonistas, el inglés se consolida como lengua franca: facilita la comunicación y colaboración mundiales. No obstante, se observa una creciente tendencia hacia el multilingüismo para adaptarse a contextos locales. Así, las ONG, como Amnistía Internacional, utilizan el inglés en comunicaciones globales, pero también idiomas locales para conectar con comunidades específicas. Por otro lado, empresas multinacionales, como Apple, operan principalmente en inglés, pero adoptan estrategias multilingües para llegar a diversos mercados. En el caso de federaciones deportivas, como, por ejemplo, la FIFA, el inglés y el francés predominan, aunque se incluyen otros idiomas en eventos específicos. A su vez, organizaciones religiosas, como la Iglesia católica[87], combinan lenguas litúrgicas tradicionales con idiomas modernos de todo el mundo[88]. Cabe destacar que las fundaciones filantrópicas globales, como la Fundación Bill y Melinda Gates, usan principalmente el inglés, pero también traducen materiales a otros idiomas. Finalmente, en redes profesionales, como la Asociación Médica Mundial, el inglés domina, aunque algunas utilizan otros idiomas según su especialidad y ubicación. Vemos entonces, en la mayoría de los casos, el uso del inglés como lengua vehicular para asuntos globales y, a medida que se aterriza en terrenos concretos, el uso de

---

una vez más, la propuesta no encontró el apoyo unánime necesario. Si bien es indudable el espaldarazo que estas acciones suponen para la promoción y el reconocimiento de estas lenguas cooficiales no solo en Europa, sino también en España, sería preciso valorar el menoscabo que esta medida haya podido originar en el mensaje de unidad relativo a la defensa del español que se pretende transmitir en las instituciones comunitarias».

87 El Estado Vaticano es un Estado soberano, pero la Iglesia Católica en sí misma opera a nivel global como una entidad religiosa y espiritual, con una estructura organizativa y una jerarquía propias, por ello la incluimos en esta sección.

88 El Concilio Vaticano II (1962-1965) marcó un punto de inflexión en este sentido al promover el uso de las lenguas locales en la liturgia y en la catequesis, reconociendo así la necesidad de hacer accesible el mensaje cristiano a todas las culturas y pueblos.

más lenguas según convenga. En lo atinente al español entonces, estos entes usan nuestra lengua en asuntos que se mueven al nivel de nuestros territorios, pero el español pareciera no ser percibido, por ahora, como candidato a destronar la función de lengua vehicular mundial del inglés. Y para que lo sea por parte de estos entes que se mueven de manera más dinámica, pragmática y casuística que los Estados, el equilibrio del poder mundial real tendrá que haber cambiado en beneficio de la comunidad hispánica: tendremos que habernos puesto a la par de China y el bloque anglosajón. Es el objetivo de mediano plazo.

No podemos cerrar esta sección sin indicar que, dados los avances de la traducción y la interpretación automáticas, las tensiones entre idiomas probablemente cesarán pronto: cada quien hablará su lengua y será entendido, en virtud de la tecnología, por el que no habla la suya y viceversa. El empeño deberá estar, no tanto en hallarse en tal o cual organismo, sino en tener la lengua plenamente equipada a nivel tecnológico para encontrarnos en capacidad de intercambiar e influir en cualquier contexto.

Esta es apenas una de las consecuencias de la caída del sistema lingüístico mundial, de lo cual pasamos a ocuparnos en la próxima sección.

CAEN LAS PEQUEÑAS LENGUAS, CAE EL INGLÉS… ¡Y SUBE EL ESPAÑOL!

Ya se asoma el futuro…

En el 2006, en un libro titulado *Breve historia del futuro*, Jacques Attali expresó su visión sobre el fin de la «guerra de los idiomas». Argumentaba que los avances en la tecnología de la traducción e interpretación automáticas conducirían antes del 2050 a una comunicación fluida y sin barreras entre personas de diferentes lenguas. Ello disminuiría la importancia de los idiomas dominantes y promovería la diversidad lingüística y cultural. Cuando lo leí, a pesar de que venía siguiendo de cerca el tema de la traducción automática —¿o quizás a causa de ello?—, pensé que Attali alucinaba. ¿Dónde quedaría el contexto, dónde los matices, el estilo? Ahora, porque continúo pendiente del tema, pienso que lo que predijo ciertamente advendrá y significativamente antes de lo que él imaginó.

Aprendí alemán a los veinte años —ya mayor para esos menesteres—. Solía hablar bastante bien: invertí tres años de mi vida intentando desentrañar los misterios —ingentes para un hispanohablante adulto— de esta lengua. Cuando abandoné la bucólica ciudad de Friburgo de Brisgovia —en el corazón de la Selva Negra—, me prometí mantener el jardín lingüístico germano mediante una lectura semanal de al menos una hora. Poco a poco, los libros —sobre todo de narrativa corta— fueron sustituidos por lectura de artículos de fondo en prensa alemana... ¡en internet! Y ocurrió que un día apareció allí una pestaña que posibilitaba la traducción automática. Me resistí a cliquear sobre ella durante años... hasta que una tarde calurosa, con un sentimiento de traición, en medio de un párrafo intrincado, cedí a la tentación. Apareció ante mí el artículo en un español más que solvente con el mencionado párrafo perfectamente desenredado. Pensé: el futuro comenzó y no me había dado cuenta. Desde entonces la traducción de estos textos se ha ido afinando sin parar...

A comienzos de este año —2024—, asistí a la boda de mi hija mayor en un lugar campestre cercano a Santiago de Chile. La mitad de los invitados venía de otros países y no hablaba español. A fin de que pudiesen seguir la ceremonia, se decidió traducir al inglés[89] los textos que habrían de ser leídos. A mí me correspondía la redacción y lectura de uno de ellos. Al finalizar la escritura

89 La mayoría de los que necesitaban el texto en inglés no lo tenían como lengua nativa, lo cual demuestra su condición hipercentral en el sistema: la hablan no solo los que la tienen como lengua materna, sus hablantes naturales, sino también los que la han aprendido como lengua extranjera, que ascienden a más de mil millones de personas en el mundo.

—en español— pregunté a mi hija: «¿Quién lo va a traducir?». Me contestó: «DeepL». Había oído hablar de las excelencias de esta empresa, pero mi texto estaba lleno de sutilezas y guiños, por lo que pensé que la traducción no daría la talla. Expresé mis dudas. Mi hija mayor sonrió: «Te lo traigo impreso en cinco minutos y me lo devuelves con las observaciones». En cuatro minutos tenía la hoja en mis manos. Sonriente, saqué mi bolígrafo rojo, listo para intervenir, presto a constatar la victoria inexorable de la pasión e inteligencia humanas sobre los fríos algoritmos. No hizo falta: el texto estaba impecable. El eventual traductor humano que habría podido realizar el trabajo —cobrando incluso un extra, dado su carácter urgente— perdió este pedido. Muy próximamente perderá el trabajo por completo. Y si la boda tuviese lugar en el 2034, no me cabe duda de que —auriculares, implantes, chips y micrófonos mediante— a pesar de la diversidad lingüística de los invitados, todos estarían oyendo todo en su idioma y expresándose también en él, porque la interpretación automática, aunque aún imperfecta, avanza rápida e indeteniblemente[90] y será la «lengua» mundial. ¿Consecuencias de lo anterior? Por un lado, la *modificación* del sistema lingüístico mundial porque acelerará la muerte de las pequeñas lenguas. Pero, por el otro, su *pulverización* —al menos en su versión actual—, ya que terminará por desplazar al inglés del centro del sistema: dejará de ser lengua vehicular mun-

90 Al final, prácticamente se llegaría al «traductor universal» que prefigura en el universo ficcional la famosa serie *StarTrek*, en la que vemos un futuro optimista donde la humanidad ha superado conflictos terrestres y se ha unido a otras especies alienígenas para explorar el universo en busca de nuevos mundos y civilizaciones. El traductor universal de *Star Trek* es un dispositivo —ficticio, insistimos— que permite la comunicación instantánea entre diferentes idiomas. Analiza y comprende cualquier lengua, incluso las desconocidas, traduciéndolas en tiempo real gracias a su avanzado sistema de análisis lingüístico y aprendizaje continuo. Aunque no es infalible y puede tener dificultades con idiomas complejos o interferencias, representa una visión optimista de un futuro donde la comunicación intercultural —e incluso intergaláctica— es posible gracias a la tecnología. No dudo de que quienes trabajan en la forja de la traducción e interpretación automáticas tengan en su mente, como inspiración y horizonte, este dispositivo.

dial. Veamos, pues, cómo funciona el sistema a esta fecha, finales del año 2024.

El sistema lingüístico mundial hoy

El sistema lingüístico mundial, según Abram de Swaan[91], se asemeja a un sistema solar «complejo». En el exacto centro brilla una sola lengua, el inglés, sol principal donde todo converge, astro mayor en torno al cual todo rota dada la poderosa atracción gravitacional que ejerce sobre todas las demás lenguas. Se trata de la *lengua hipercentral.* Alrededor de este sol principal único, orbitan otros soles, doce *lenguas supercentrales.* Son ellas, según nuestro autor, el español, el francés, el chino, el árabe, el alemán, el hindi, el japonés, el malayo, el portugués, el ruso, el swahili, amén del propio inglés, hipercentro de todo el sistema, como vimos, pero a la vez cabeza de un sistema solar propio. Estos soles atraen a su alrededor a los planetas, aproximadamente cien: son las *lenguas centrales.* El quechua, por ejemplo, es un planeta que gravita en torno al sol del español. Finalmente, girando en torno a estos planetas, encontramos las lunas: las *lenguas periféricas.* Portadoras de culturas e identidades únicas, transmitidas a menudo de forma oral, profundamente arraigadas en una memoria colectiva muy local, constituyen aproximadamente el 98 % de las lenguas del mundo, pero son habladas por menos del 10 % de la humanidad. Se hallan en serio riesgo de extinción.

La atracción entre los diversos cuerpos celestes señalados se concreta a través de los bilingües: estos, al elegir una segunda len-

91 Existen varios modelos que describen el funcionamiento del sistema lingüístico mundial: el ecológico, el intergeneracional, el gravitacional... Optaremos por este último, cuyo autor es el sociólogo holandés Abram de Swaan, retomado más tarde por el lingüista francés Louis-Jean Calvet. Nos parece el más claro y útil. De Swaan viene planteando sus tesis desde la década de los 90 del siglo XX. Su más reciente planteamiento a este respecto surge del libro *Words of the World* de 2001.

gua, escogen casi siempre una que los desplace más hacia el centro del sistema. Así, los hablantes de lenguas periféricas aprenden lenguas centrales para acceder a mayores oportunidades, mientras que los hablantes de lenguas centrales aprenden lenguas supercentrales o incluso directamente el inglés[92], la lengua hipercentral, para comunicarse a nivel global. Un hablante de quechua, por ejemplo, aprenderá español para acceder plenamente a la educación y al mercado laboral peruanos, y si aspira a una proyección internacional, también aprenderá probablemente inglés. Por otra parte, un hablante de español a la caza de mayores oportunidades aprenderá como primera opción inglés, no quechua —menos central— ni francés —al mismo nivel[93]—.

El sistema lingüístico, tal como va existiendo, favorece la conexión hacia el centro y con ello facilita la extinción de las lenguas periféricas. En efecto, cuando el monolingüe periférico entra en posesión de otra lengua, más central, el dominio de la misma lo pone en contacto con mayor poder político, económico o cultu-

92 El catalán es lengua central, el español supercentral y el inglés hipercentral. En un funcionamiento espontáneo del sistema, el hablante de catalán aprendería primero español y luego inglés, pero la intervención política, estoy convencido, busca saltarse al español y hablar con todos los no catalanes en inglés.

93 Los invitados no hispanohablantes a la boda de mi hija, a quienes se les suministró el texto en inglés, no lo tenían en su gran mayoría como lengua nativa: casi todos eran francófonos. Como tales, no se les ocurrió, como primera opción, aprender otra lengua supercentral, como el español, sino el inglés. Es una muestra entre miles —lo que ocurre en las reuniones de trabajo de la UE es otra— de la condición hipercentral del inglés en el sistema: la hablan no solo los que la tienen como lengua materna, sus hablantes naturales, sino también los que la han aprendido como lengua extranjera, que ascienden a más de mil millones de personas en el mundo. Pero cabe destacar que, según el EF English Proficiency Index (https://www.ef.com/wwen/epi/), que mide el nivel de inglés en diferentes países, *la mayoría de los hablantes no nativos se encuentran en los niveles bajo o medio.* Esto significa que pueden comunicarse en situaciones cotidianas y entender textos sencillos, pero pueden tener dificultades con conversaciones más complejas o textos especializados. Para estos hablantes precarios de inglés *el estado de la traducción e interpretación automáticas actual implica desde ya una mejora de su capacidad de comunicarse.*

ral. Ello ejerce una presión abrumadora sobre su primera lengua, más periférica. Esta presión se manifiesta en la educación, en los medios de comunicación, en el ámbito gubernamental y administrativo, en el mercado laboral, en el entretenimiento. Además, la percepción de la lengua más central como prestigiosa y útil puede conllevar sentimientos de vergüenza respecto a la lengua periférica: la mesa está servida para que esta se reduzca cada vez más a menos ámbitos y termine por no ser transmitida a los hijos. Y hoy esta presión se ve aumentada por el inmenso horizonte universal de bienes, ideas y servicios que cada vez más prestarán las lenguas más centrales en el sistema gracias a la traducción e interpretación automáticas, de raudo progreso.

Desafíos y avances en la traducción e interpretación automáticas

Ahora bien, los desafíos para la traducción e interpretación automáticas persisten: comprensión profunda del contexto, manejo de la variabilidad lingüística y traducción precisa de terminología especializada, entre los principales. A ellos, en el caso específico de la interpretación automática, se unen la traducción en tiempo real, el reconocimiento de voz y la ausencia de comunicación no verbal. Pero hoy, gracias a la inteligencia artificial y el aprendizaje automático, están siendo enfrentados exitosamente, permitiendo una comunicación global más fluida, rápida y precisa que nunca. Los sistemas actuales ofrecen traducciones e interpretaciones en tiempo real con una calidad mejorada, comprendiendo mejor el contexto, los matices y el vocabulario especializado. Además, su alcance se ha ampliado a un mayor número de idiomas. Cabe señalar también que la integración de estas tecnologías en diversas plataformas y aplicaciones[94] ha democrati-

94 Los ejemplos concretos que siguen ilustran el avance significativo de la interpretación automática —campo sensiblemente más complejo que la mera tra-

zado su acceso, convirtiéndolas en herramientas cotidianas para millones de personas en todo el mundo. En el futuro, se espera una mayor personalización, comprensión del contexto y la cultura, así como la integración de múltiples modalidades de comunicación (texto, voz, imágenes y gestos). Además, la convergencia con la computación cuántica, dada su capacidad de procesamiento exponencialmente superior al de las computadoras clásicas, promete un salto cualitativo, permitiendo traducciones e interpretaciones aún más precisas y fluidas en tiempo real y para un mayor número de idiomas. Tanto ChatGPT como Gemini predicen que en un horizonte de veinte años la traducción y la interpretación automáticas se volverán prácticamente indistinguibles de las humanas, *lo que eliminaría las barreras lingüísticas en casi todos los ámbitos*[95]. Attali tenía razón.

Pero anotemos: no hay traducción ni interpretación automática sin digitalización. Y la mayoría de las lenguas del mundo no están digitalizadas. En efecto, de las 7 000 lenguas que aproximadamente existen en el mundo, se estima que solo un pequeño porcentaje, menos del 10 %, cuenta con una presencia digital significativa: la gran mayoría de las lenguas están subrepresentadas o completamente ausentes en el mundo digital. Y es improbable que esto cambie: se estima que menos del 5 % de las lenguas del mundo cuentan con los recursos para costear su plena digitalización. Esto significa que más del 95 % de las lenguas —poseedoras de no más de 10 000 hablantes— se encuentran en riesgo

---

ducción— en la actualidad. Servicios como Google Translate y Microsoft Translator permiten la interpretación simultánea en tiempo real, mientras que aplicaciones como iTranslate Converse y SayHi Translate facilitan conversaciones bilingües fluidas en dispositivos móviles. Grandes empresas como Skype y Zoom están integrando esta tecnología en sus plataformas, y la investigación se enfoca en mejorar la interpretación en contextos especializados como la medicina y la educación.

95 Sus predicciones se basan en los avances actuales en inteligencia artificial y procesamiento de lenguaje natural, la creciente disponibilidad de datos de entrenamiento, la inversión en investigación y desarrollo, la adopción generalizada y los desafíos existentes, que espolean el avance.

de quedar rezagadas tecnológicamente, ya que su equipamiento les resultaría, dada su pequeña escala, inabordable en lo económico. Dotar a una lengua minoritaria de herramientas digitales es un desafío complejo y costoso, con una inversión inicial que puede oscilar entre cientos de miles y varios millones de dólares. Los costos incluyen el desarrollo de corpus lingüísticos (entre $50 000 y $500 000 o más), la creación de *software* y aplicaciones (entre $100 000 y varios millones de dólares), el fomento de la creación de contenido digital (entre $10 000 y $100 000 o más por año), la formación de profesionales (entre $5 000 y $50 000 o más por año) y la colaboración entre comunidades y organizaciones (entre $10 000 y $100 000 o más por año). Sin embargo, no es del todo descartable que el avance de las técnicas de digitalización reduzca estos costos y los torne menos inaccesibles. Para ello, la colaboración entre comunidades lingüísticas, instituciones académicas, empresas tecnológicas y gobiernos será fundamental[96]. Pero, personalmente, dudo de que esta hipotética colaboración

96 Entre los recursos que respaldan las afirmaciones de este párrafo hallamos el *Atlas UNESCO de las lenguas del mundo en peligro* (https://unesdoc.unesco.org/ark:/48223/pf0000189453), mapa interactivo que brinda información detallada sobre el estado de las lenguas minoritarias a nivel mundial, destacando los desafíos que enfrentan, incluida la falta de recursos digitales. También la plataforma en línea Endangered Languages Project (https://www.endangeredlanguages.com/) que se dedica a documentar y revitalizar lenguas en peligro de extinción, ofreciendo recursos sobre documentación lingüística, esfuerzos de revitalización y el impacto de la tecnología. Además, The Living Tongues Institute for Endangered Languages (https://www.livingtongues.org/) que se centra en la documentación y revitalización de lenguas, brindando capacitación, recursos y defensa para las lenguas en peligro. Finalmente, Rising Voices (https://rising.globalvoices.org/) apoya el uso de la tecnología y los medios por parte de las comunidades lingüísticas indígenas y minoritarias, proporcionando capacitación, recursos y subvenciones para proyectos digitales. También algunos libros tales como *Digital Language Death* de András Kornai, publicado en 2013 por Cambridge University Press, donde plantea que solo el 5 % de las lenguas del mundo pueden realmente ser digitalizadas. En un marco más amplio que lo digital, *Language Death*, de David Crystal, publicado en 2000 por Cambridge University Press, sigue siendo una referencia importante.

llegue a tiempo, dado que no se avizora y, sobre todo, vistas la velocidad de vértigo con la que avanzan las nuevas tecnologías y la imposibilidad de prescindir de ellas una vez que surgen, a menos que se desee asumir una marginalidad total respecto al resto del planeta[97].

En todo caso, las lenguas con una presencia digital óptima, es decir, aquellas con suficientes corpus digitales para permitir un aprendizaje automático que lleve a una traducción e interpretación automática de alta calidad, son solo entre 100 y 200. Esto representa menos del 3 % del total de lenguas existentes, pero abarca al 95 % de los hablantes[98]. Como hecho concretísimo podemos decir que el Traductor de Google, en su expansión de febrero de 2023, elevó el total de lenguas que sirve a 133, es decir, apenas el 1,9 % de los idiomas presentes en el globo. Y la cali-

---

97 Toda lengua constituye un intento singular de captar significación en el universo. En este sentido, como intento de generación de conocimiento en el cosmos, cada lengua tiene valor para la humanidad como un todo, debería ser patrimonio de la humanidad, no solo de los hablantes que se aprestan a abandonarla. Así, pues, idealmente, si una lengua va a ser claramente abandonada, conviene documentarla para entender la especificidad de su canal cognitivo. Y esta labor de documentación presenta unos costos claramente más abordables y es, por lo tanto, bastante factible. La documentación lingüística conlleva costos variables según la complejidad y alcance del proyecto. Un proyecto básico, para lenguas con pocos hablantes y gramática simple, puede costar entre $11 000 y $55 000, incluyendo lingüista, grabaciones, transcripciones y creación de diccionario y gramática básica. Un proyecto intermedio, para lenguas más complejas o con más hablantes, puede oscilar entre $55 000 y $220 000, permitiendo una documentación más exhaustiva con recopilación de textos, estudio de dialectos y materiales didácticos. Proyectos avanzados, para lenguas con rica tradición oral o muchos hablantes, pueden superar los $220 000, incluyendo archivos multimedia, digitalización y formación de lingüistas locales. Organizaciones como el Endangered Language Fund (http://www.endangeredlanguagefund.org/), la Foundation for Endangered Languages (https://www.ogmios.org/) y el Endangered Languages Documentation Programme (https://www.eldp.net/) ofrecen apoyo financiero y recursos para proyectos de documentación lingüística.

98 Un pequeño grupo de 200 lenguas domina el panorama comunicativo: abarca el 95 % de la población mundial. Un inmenso grupo, de entre 2 400 y 2 800 lenguas que podríamos llamar ultraperiféricas, habladas por no más de 10 000 personas, abarca claramente menos del 1 %.

dad de la traducción de ese pequeño porcentaje —que establece una verdadera jerarquía— varía entre lenguas, dependiendo de la cantidad de datos de entrenamiento disponibles y la complejidad del idioma en sí, siendo los cinco mejor clasificados, en este orden, el inglés, el español, el francés, el alemán y el portugués... y el mejor par de traducción... ¡inglés y español![99].

¿Es la diversidad lingüística ontológicamente positiva?

La irrupción masiva de la traducción e interpretación automáticas, al tender un puente invisible entre idiomas de amplio radio, acelerará, insistimos, el declive de las lenguas minoritarias por el acceso sin precedentes a bienes, servicios e información a todas las lenguas principales del mundo, a partir de solo una de ellas. Pero este declive tiene ya años en curso, actualmente a razón de una lengua periférica cada dos semanas[100]. Ha provocado indignación. Algunos, escandalizados, producen reportes en inglés —desde sus mullidos sillones universitarios o de burócratas de organismos internacionales u ONG en países desarrollados— sobre la pérdida de diversidad lingüística, conceptuándola como ontológicamente positiva[101] y sin pasearse por los problemas con-

99 El chino mandarín, dada su complejidad, llega en sexto lugar.

100 En su mensaje por el Día Internacional de la Lengua Materna en 2018, la UNESCO declaró que «de promedio, cada dos semanas desaparece una lengua en el mundo».

101 La postura predominante en el debate sobre la diversidad lingüística defiende que cada lengua, sin importar su tamaño o estatus, posee un valor intrínseco como expresión cultural única. La pérdida de una lengua se considera una tragedia que empobrece la humanidad. Esta perspectiva resalta la importancia de proteger los derechos lingüísticos, promoviendo la revitalización y el uso de lenguas minoritarias en todos los ámbitos. Se enfatiza el rol crucial de las lenguas en la construcción de la identidad y la cohesión social, argumentando que su pérdida puede ser devastadora para las comunidades. Además, se critica la visión pragmática de Swaan, que veremos a continuación, por ignorar las realidades culturales y emocionales ligadas a la elección de una lengua. En resumen, esta postura aboga por la protección y revitalización de

cretos, a veces de supervivencia material y de impostergable solución, que se resuelven en una mesa de familia al tomar decisiones que tienen que ver con la lengua en la que ha de hablarse en casa o en la que han de educarse los hijos.

Extrañamente, la desaparición gradual de lenguas periféricas, impulsada por la migración hacia idiomas de más amplia difusión, fue un proceso «invisible» durante mucho tiempo. Era incluso percibido como natural —¿ineluctable?— consecuencia del desenclavamiento de todas las culturas, dados los potentes medios de transporte y comunicación y la interdependencia económica. Las lenguas nacionales e internacionales vehiculares se afianzaban, desplazaban a las pequeñas, generaban entidades políticas más grandes y centralizadas. Punto. Sin embargo, a finales de los 80 y principios de los 90, súbita y potentemente, salta a la palestra pública la pérdida de «diversidad lingüística» —generalmente acompañada de la «diversidad cultural»— y es connotada muy negativamente desde la academia primermundista. Esto genera hitos como el Año Internacional de las Poblaciones Indígenas (1992), la Declaración Universal de los Derechos Lingüísticos (1996) y el Decenio Internacional de las Lenguas Indígenas (2001), que marcan un cambio de paradigma en lo que a protección de pequeñas lenguas se refiere.

Ante esto surgen voces disidentes[102]. Pocas. Abram de Swaan, por ejemplo[103]. Habla este autor de «sentimentalismo lingüístico», al cual aprecia como la tendencia a idealizar las lenguas periféricas y a lamentar su desaparición sin considerar las dinámicas

todas las lenguas, incluso si esto implica desafiar las fuerzas del mercado y la globalización. Yo agregaría: incluso si esto implica desafiar las posibilidades de sobrevivencia concreta de una familia. Yo recordaría: las lenguas están al servicio de los humanos y no viceversa.

102 Entre ellas la mía, como podrá leerse más abajo en *La lengua española: garantía de diversidad cultural efectiva.*

103 En su artículo titulado «Endangered languages, sociolinguistics, and linguistic sentimentalism», consultable en https://deswaan.com/nl/endangered-languages-sociolinguistics-and-linguistic-sentimentalism/

sociales y las decisiones de sus hablantes. Argumenta *que las lenguas no «mueren», sino que son abandonadas por sus hablantes en favor de idiomas más ventajosos en términos de comunicación, oportunidades y estatus social.* Critica la idea de que la diversidad lingüística sea intrínsecamente valiosa y argumenta que el multilingüismo no garantiza la diversidad cultural. Plantea, con ejemplos, que la diversidad cultural puede florecer dentro de una misma área lingüística donde *las diferentes subculturas interactúan y se confrontan más directamente que en comunidades separadas por barreras idiomáticas.* De Swaan también señala que el multilingüismo no garantiza la igualdad ni el empoderamiento, ya que las diferencias de poder y estatus social a menudo trascienden las fronteras lingüísticas. Plantea, además, una paradoja: promover la diversidad lingüística sin una estrategia clara puede fortalecer la hegemonía del inglés. En efecto, en un escenario multilingüe, la comunicación se vuelve compleja, creando la necesidad de un idioma común y el inglés, dominante, se presenta como la solución «obvia» debido a su infraestructura y alcance globales. Esta percepción lleva a más personas a aprenderlo, reforzando su posición y creando un ciclo donde se vuelve indispensable, incluso en contextos que promueven la diversidad[104]. Ejemplos como la Unión Europea y Sudáfrica ilustran cómo políticas de multilingüismo, paradójicamente, consolidan el inglés como lengua franca, desplazando aún más a las lenguas minoritarias. Cuestiona también la imagen idealizada que a menudo se tiene de las comunidades lingüísticas minoritarias presentándolas, no como refugios de armonía cultural, sino como escenarios donde pueden perpetuarse las desigualdades y la opresión. Argumenta que la preservación de una lengua, especialmente en contextos de minorización, puede ir de la mano con el mantenimiento de estructuras sociales tradicionales que restringen los derechos y

104 Se ha dicho: «*The more languages, the more English*». A más lenguas, más inglés. La UE es realmente un emblemático ejemplo.

oportunidades de ciertos grupos, particularmente mujeres, niños y jóvenes. La cohesión de la comunidad lingüística, en estos casos, puede lograrse a costa de la libertad individual y la igualdad de oportunidades. De Swaan nos invita a mirar más allá de la romantización de estas comunidades y a reconocer que *la defensa de una lengua no siempre implica la defensa de los derechos y el bienestar de todos sus hablantes. La preservación lingüística, en su visión, no debe ser un fin en sí mismo, sino que debe ir acompañada de una reflexión crítica sobre las dinámicas de poder y las estructuras sociales que operan dentro de estas comunidades.* En lugar de idealizar la preservación de las lenguas a toda costa, de Swaan aboga por un enfoque pragmático que reconozca las decisiones de los hablantes y las dinámicas sociales que influyen en el cambio lingüístico.

También en sentido crítico se plantan Calvet y Varela[105], quienes escriben contra lo que denominan el «discurso político-lingüísticamente correcto» (PLC), el cual promueve la igualdad de todas las lenguas y aboga por su preservación y uso en la educación. Los autores argumentan que este discurso, aunque bienintencionado, carece de un análisis objetivo de la realidad lingüística global y puede tener consecuencias negativas. La insistencia en la escritura y enseñanza de todas las lenguas, por ejemplo, no es siempre beneficiosa para los hablantes. La introducción de la escritura o la enseñanza en lenguas minoritarias puede tener efectos secundarios no deseados. *Es necesario evaluar cuidadosamente las necesidades y deseos de las comunidades lingüísticas antes de implementar políticas de este tipo.* El modelo gravitacional de Swaan lo retoma Calvet, sin alteraciones mayores, en 1999 en su libro *Pour une écologie des langues du monde.* Plantea allí que el sistema se mantiene gracias a «un bilingüismo orientado

105 Artículo denominado «Le crépuscule des langues ? Critique du discours politico-linguistiquement correct», publicado en *Estudios de Sociolinguística*, volumen 1, 2, 2000, retomado por Calvet en libros publicados en 2002 y 2017.

hacia el centro». Generalmente un bilingüismo vertical (adquisición de una segunda lengua de un nivel más central en la jerarquía, por ejemplo, un hablante de catalán que aprende español o inglés) y con mucha menos frecuencia de un bilingüismo horizontal (adquisición de una segunda lengua del mismo nivel jerárquico, por ejemplo, un hablante de catalán que aprende gallego). Este modelo resalta la desigualdad funcional entre las lenguas, es decir, la realidad de que *no todas las lenguas desempeñan las mismas funciones en la sociedad ni tienen la misma capacidad para hacerlo.*[106] Algunas lenguas son empleadas principalmente en contextos informales y familiares, mientras que otras tienen un rol más amplio en la educación, el gobierno y los medios de comunicación. Además, las lenguas dominantes suelen tener más recursos disponibles para su desarrollo y difusión, así como mayor prestigio y reconocimiento social. Esta desigualdad también se manifiesta en la capacidad de adaptación y cambio de las lenguas, ya que algunas pueden tener más dificultades para adaptarse a los cambios sociales y tecnológicos, lo que puede afectar su vitalidad y supervivencia a largo plazo. El discurso PLC, al ignorar esta desigualdad, lleva a políticas lingüísticas ineficaces e incluso perjudiciales. En lugar de centrarse en la igualdad abstracta de las lenguas, *los autores proponen un enfoque pragmático que considere las funciones sociales de las lenguas y las necesidades de sus hablantes.* Sugieren que la globalización podría llevar a un modelo trifuncional en el que coexistan una lengua internacional (inglés), la lengua del Estado (español, por ejemplo) y la lengua gregaria o comunitaria (catalán, quechua).

Esquematizando, en un extremo se puede pensar que las lenguas son tesoros de identidad, conocimientos y cultura que no

106 Toda lengua, potencialmente, a través de un costoso proceso de equipamiento, puede cubrir cualquier vacío que posea. Pero, de no hacerlo, solo será apta para acometer las tareas para las cuales ya posee los elementos necesarios, lo cual precipitará su extinción de haber cambiado su contexto de desenvolvimiento.

deben ser abandonados bajo ningún concepto por la pérdida de diversidad lingüístico-cultural que ello implicaría para la humanidad, así como por el desgarramiento para sus hablantes, y, en el otro extremo, se puede pensar que son simples herramientas de comunicación que los hablantes usan o desechan según su conveniencia.

¿Noble diversidad lingüística o perversa fragmentación política?

Ahora bien, el problema es que uno de los extremos de la gama recién descrita —y aquí hay que poner la lupa, tienen que aquí encenderse todas las alarmas— en ocasiones exacerba o da pie a movimientos políticos que *amenazan con fragmentar Estados preexistentes* alegando la ecuación una lengua, un Estado. Una lengua —supuesta o realmente maltratada, supuesta o realmente en peligro, percibida como emblema y recipiente de la identidad de un pueblo—, un Estado —que será el custodio seguro y leal de ese tesoro—. En el País Vasco y Cataluña, por ejemplo, la defensa del euskera y el catalán alimenta demandas de mayor autonomía o incluso independencia respecto a España. En Hispanoamérica, movimientos indígenas en Bolivia y Ecuador, el zapatismo en México y luchas afrodescendientes cuestionan el modelo de Estado-nación. El conflicto mapuche en Chile y Argentina, con la lengua como símbolo de resistencia, evidencia la tensión entre la reivindicación cultural y la integridad territorial. ¿Existe entonces una unión de intereses de comunidades locales separatistas con universidades o con ONG o con entes políticos extranjeros o con grupos irregulares o mafias o traficantes? ¿Se engarzan una noble doctrina de diversidad con otras fuerzas que, sobre esa base, persiguen agitar para lograr el control autónomo de un territorio, desgajarlo de un cuerpo mayor en territorios hispanos? Veamos algunos ejemplos.

Examinemos el caso de una ONG emblemática de alcance mundial: el SIL (Summer Institute of Linguistics), con sede en Estados Unidos. Su objetivo es la documentación, descripción y análisis de las lenguas del mundo, especialmente aquellas que son menos conocidas o están en peligro de extinción. Su trabajo se basa en la lingüística descriptiva, que busca registrar y comprender la estructura y el funcionamiento de las lenguas tal como son habladas por sus comunidades. Además de la documentación lingüística, el SIL también se interesa por la relación entre lengua y cultura, y por cómo las lenguas reflejan y transmiten la cosmovisión y los conocimientos de las comunidades que las hablan. *Pero realmente su objetivo principal es la difusión de la religión cristiana a través de su vertiente protestante evangélica.* Se puede afirmar que el objetivo principal para que el SIL entre en las comunidades es entender su lengua para traducir la Biblia a esa lengua. El estudio de las lenguas minoritarias y la traducción de la Biblia son sus herramientas para facilitar la difusión del protestantismo evangélico a comunidades que no tienen acceso a las Escrituras en su propio idioma. Pero se diría que hay aún más... El SIL ha enfrentado expulsiones y restricciones en varios países hispanoamericanos debido a controversias políticas y críticas a sus actividades. En México (1979), fue expulsado por acusaciones de colaborar con el gobierno en la contrainsurgencia y realizar actividades proselitistas. En Ecuador (1981), se lo acusó de violar la soberanía nacional y tener vínculos con intereses extranjeros. En Panamá (1990), tuvo que irse tras la invasión estadounidense por supuestos lazos con la CIA. En Venezuela, aunque no hubo expulsión formal, el gobierno restringió sus actividades desde 2005 y finalmente no renovó su permiso en 2010, tras acusaciones de proselitismo, espionaje y un enfoque etnocéntrico. Estos casos ilustran las tensiones y debates en torno al papel del SIL. ¿Cándida paloma evangelizadora o caballo de Troya angloprotestante en Hispanoamérica?

Cabe considerar también que Cataluña y el País Vasco, a través de instituciones como el Instituto Ramon Llull y el Instituto

Vasco Etxepare, han desarrollado una diplomacia cultural en Hispanoamérica enfocada teóricamente en compartir sus experiencias en políticas lingüísticas con comunidades que buscan preservar sus lenguas. Estas iniciativas también han generado controversias, siendo percibidas por algunos como injerencia en asuntos internos por impulsar, de manera indirecta o sutil, agendas separatistas, secesionistas o autonomistas en Hispanoamérica, utilizando la lengua como elemento movilizador. ¿Interés en preservar la diversidad lingüística o forja de una internacional separatista en contra de Estados hispanos? En todo caso, tanto el independentismo catalán como el vasco han encontrado en Hispanoamérica expresiones de apoyo. En el caso catalán, claramente legisladores y políticos de Venezuela, Bolivia y Ecuador han mostrado solidaridad, especialmente durante el referéndum de 2017, y algunos parlamentos regionales han aprobado resoluciones de apoyo. Además, movimientos sociales de izquierda también han manifestado su respaldo, viéndolo como parte de una lucha global por la autodeterminación.

Otro caso es la intervención directa de un Estado. Por ejemplo, Rusia en Cataluña. El injerencista aprovecha aquí un nacionalismo lingüístico legitimado por el clima de opinión de «salvación del tesoro de las lenguas» y lo apoya para dividir un Estado europeo relativamente grande y colarse en un gran bloque competidor. Lo hace a la sombra y, por lo tanto, sin la retórica que, de otra manera, tendría que adornar la intervención. Es la razón del Estado y la realpolitik al desnudo. El juez Joaquín Aguirre, que investiga la conexión rusa del *procés*, sostiene que «personas del más alto nivel del Gobierno de la Generalitat de Cataluña, incluido su presidente, facilitaron y reforzaron considerablemente el proceso de injerencia rusa [...] y mantuvieron contactos con individuos cercanos a los servicios de inteligencia rusos y al gobierno de la Federación de Rusia [...] para la política rusa, el *procés* era una herramienta perfecta que le podría ayudar a avanzar en sus objetivos estratégicos contra Occidente»[107]. Y contra el bloque hispánico global, me permito añadir.

Si bien la mayoría de los grupos irregulares en Hispanoamérica se centran en objetivos económicos o de control territorial, en ocasiones pueden instrumentalizar tensiones étnicas o lingüísticas para alcanzar sus fines. Un ejemplo es la relación entre el Ejército de Liberación Nacional (ELN) y las comunidades indígenas embera en Colombia. El ELN, a pesar de su ideología marxista-leninista, ha buscado apoyo en estas comunidades, incorporando en su discurso la defensa de sus derechos y la lucha contra el despojo de sus tierras. Esta alianza le ha permitido ganar legitimidad y reclutar combatientes, pero también ha generado tensiones y divisiones dentro de las comunidades embera. En Perú, remanentes de Sendero Luminoso han buscado refugio en comunidades quechuahablantes del Vraem, aprovechando su marginalización y descontento con el Estado. Aunque su principal motivación sigue siendo la lucha armada, han utilizado la lengua quechua y la retórica de defensa de los derechos indígenas para ganar apoyo. En Bolivia, algunos grupos narcotraficantes en el Chapare han intentado instrumentalizar las demandas de autonomía de los cocaleros, muchos de ellos indígenas, para justificar sus actividades ilícitas y obtener apoyo social.

La lengua española: garantía de diversidad cultural efectiva

Imaginemos por un instante que las reivindicaciones indigenistas o los nacionalismos lingüísticos terminasen por generar nuevos Estados. ¿Redundaría esto en más diversidad cultural? Lo estimo poco probable. Estos nuevos Estados nacerían a la sombra de fuerzas abrumadoramente superiores que condicionarían

107 Extraído de https://www.elmundo.es/espana/2024/06/21/6675bc6521efa0990f8b4585.html

su futuro en todos los órdenes: ya les ocurrió a los Estados hispanoamericanos con respecto a Inglaterra a comienzo del siglo XIX. Pero imaginemos lo imposible: que dichos Estados lograsen mantener referentes propios... ¿sería esto garantía de diversidad cultural efectiva? Me atrevo a afirmar que no. En efecto, al interior de una pequeña comunidad, dada la exigüidad de la oferta y la demanda, hay pocas posibilidades de combinación y especialización. Y son estas posibilidades las fuentes de una *diversidad cultural efectiva*, es decir, una portadora no de una mera exterioridad variopinta de tres o cuatro pilares, sino de múltiples soportes generadores de riquezas, matices, variantes y posibilidades de profundización en todos los ámbitos.

Las pequeñas comunidades suelen estar signadas por horizontes estrechos y mucho control social. Por eso, insistimos en el punto, las personas se van del pueblo a la ciudad; por eso, dejan de hablar la lengua de un puñado y adoptan otra de millones: piensan en la posibilidad real de mejoras tangibles para su vida cotidiana que marcos más amplios son susceptibles de proveerles. Este cálculo que sacan individuos, parejas, familias, a veces incluso etnias enteras, es despreciado —reiteramos— por instancias externas: ONG «justicieras», sesudos profesores que, con el índice enhiesto, se diría estiman que los individuos no deben ser libres de abandonar una comunidad que los sofoca o una lengua que no les permite comunicarse más allá de un ínfimo radio. Dicho en corto, bajo esta visión las personas pertenecen a sus comunidades; los hablantes, a sus lenguas. Y, en última instancia, es al revés.

Las grandes lenguas son como las grandes ciudades: espacios de libertad y oportunidades en los que coexiste —y se interfecunda—lo diverso, capaz de interactuar y dar frutos insospechados gracias a una lengua común —materna o vehicular— que tiende puentes en todas direcciones, desenclava, asegurando así, gracias a infinidad de intercambios, una *diversidad cultural efectiva*.

La lengua española es nuestra gran ciudad: nos comunica entre nosotros, los hablantes maternos; permite a los convivientes de otras lenguas comunicarse, tanto entre sí[108] como con nosotros; hace que muchos que en sus predios no viven deseen aprenderla para poder intercambiar cabalmente con nosotros; pone, gracias al doblaje, la traducción y la interpretación, las otras culturas del mundo en nuestros ojos y oídos; entrega, mediante la digitalización plena, todos los recursos y servicios de punta...

El conviviente no hispanohablante, *siempre que auténticamente lo desee*, debe poder vivir una identidad de círculos concéntricos que le permita, según los contextos, más identidad y tradición —gracias a lenguas distintas y costumbres específicas— o más comunicación y oportunidades —gracias al español y a hábitos compartidos a gran escala—. Sin embargo, *jamás en desmedro de la unidad política o de la lengua vehicular.* Tengamos siempre presente que una lengua hablada por un puñado de personas, sin el auxilio de una lengua vehicular, no posee las escalas mínimas necesarias para dar viabilidad a comunidad alguna, a menos que esta viva en rígido aislamiento y precaria autarquía, que es como decir en un opresivo atraso y una cruda pobreza, amén de encontrarse en estado de total vulnerabilidad frente a las comunidades conectadas con la modernidad.

Quienes en los territorios hispanohablantes alientan separatismos poniendo la lengua por delante engañan a los suyos y, alerta: *horadan las posibilidades de que la comunidad histórico-cultural hispana adquiera la relevancia necesaria para no sucumbir.*

Implicaciones geopolíticas y desafíos futuros

De todo lo dicho en esta sección queda claro que las lenguas periféricas —a pesar del discurso protector dominante que gravita en

108 Catalanes y vascos hablan entre sí en español. Igual los indígenas de etnias diversas en Hispanoamérica.

torno a ellas, que a veces adquiere ribetes que estimulan tentaciones separatistas de base lingüística— están viendo acelerado su proceso de desaparición, lo cual altera significativamente los ritmos del sistema lingüístico mundial. Pero esto, al constituir una mera aceleración de un proceso que ya se encontraba en curso, y que, en cierta forma ya estaba descontado, no es tan grave como el siguiente elemento que analizaremos, que, este sí, pulveriza el sistema: el inglés dejará de ser la lengua hipercentral, no habrá una sola lengua vehicular mundial, sino alrededor de una decena, o más, a mediano plazo, en la medida en que las técnicas de digitalización se simplifiquen.

La inminente llegada de la traducción e interpretación automáticas de alta calidad entre las principales lenguas del mundo —las denominadas supercentrales— se perfila como un punto de inflexión en la historia de la comunicación humana. En efecto, todo texto escrito y todo discurso oral en inglés, chino mandarín, francés, ruso, alemán, etc., podrá ser leído o escuchado, a medida que se produce, en español y viceversa. *Quien acceda a una gran lengua, cualquiera que esta sea, accederá a todas las grandes lenguas* y, por lo tanto, estará en comunicación en tiempo real con la inmensa mayoría de la humanidad y tendrá acceso a todo tipo de contactos, vivencias, bienes y servicios. Este cambio tectónico tendrá profundas consecuencias en la geopolítica, la cultura y la educación, pero también plantea desafíos significativos en términos de poder, privacidad y acceso a la información.

El empoderamiento de las lenguas supercentrales será una de las consecuencias más evidentes. El español, el francés, el chino mandarín, el ruso y otras lenguas de gran difusión *se convertirán en puertas de acceso directo a un público global, sin necesidad de recurrir al inglés como intermediario.* Esto no solo fortalecerá su relevancia, sino que también impulsará la creación de contenidos y la innovación en estos idiomas, generando un florecimiento cultural y económico en las comunidades que los hablan.

Correlativamente, el inglés seguirá siendo una lengua importante, pero su hegemonía se erosionará y con ella *perderá peso no solo la lengua, sino también el poder blando anglosajón en general y la hegemonía estadounidense en particular.* En efecto, al no ser la lengua vehicular de la humanidad toda, al no oficiarse ya en ella los rituales máximos del poder, al desvanecerse cada vez más sus estrellas de nuestras pantallas, al devenir la lengua de un subgrupo entre otros, perderá poder de atracción, se abrirá espacio de irradiación para una mayor diversidad de voces y perspectivas en el escenario global al más alto nivel[109]: no es lo mismo un escenario con una sola lengua copando el centro que con más de una decena. Este cambio acarrea un mapa nuevo de poder, ya no unipolar ni bipolar, sino realmente multipolar.

Por otra parte, al no ser necesario aprender inglés para comunicarse globalmente, las personas se sentirán más motivadas[110] y tendrán más tiempo[111] para *dominar mejor y utilizar más a*

---

109 Esta nueva realidad ya se vislumbra en plataformas como Netflix, Disney o Amazon Prime, donde la diversidad de idiomas y contenidos es cada vez mayor. Anuncia un futuro en el que la cultura anglosajona, aunque seguirá siendo relevante, ya no ocupará sola el centro del escenario.

110 La educación en lenguas maternas supercentrales se verá fortalecida al reconocerse, no solo su valor intrínseco, sino también su potencial como herramientas de comunicación global.

111 Para un hispanohablante promedio, alcanzar un nivel avanzado de inglés requiere una inversión considerable de tiempo y esfuerzo, estimada entre 1 200 y 2 000 horas de estudio dedicado —instrucción guiada, estudio independiente, práctica y exposición al idioma fuera del aula—, lo que se traduce en entre 600 y 1 000 días de estudio si se dedican dos horas diarias. Sin embargo, es crucial recordar que la calidad del método de enseñanza, la competencia del maestro, así como el talento y la dedicación del alumno pueden influir significativamente en la eficiencia del aprendizaje, haciendo que este proceso sea más o menos prolongado. Además del tiempo invertido, aprender un idioma también conlleva un costo de oportunidad, ya que esas horas podrían dedicarse a otras actividades productivas o de ocio. Si el aprendizaje se realiza a través de cursos pagados, se suma un costo económico directo que puede variar considerablemente dependiendo de la institución, el profesor y los materiales utilizados. Por otro lado, dominar el chino mandarín a un nivel avanzado demanda un compromiso aún mayor, con una estimación de entre 5 000 y 8 000 horas de estudio y práctica, lo que equivale a entre 2 500 y 4 000 días de estudio con la misma dedicación diaria. En este caso, los factores mencionados anteriormente adquieren aún mayor relevancia debido a la prolongada duración del proceso de aprendizaje. Las estimaciones de tiempo para alcanzar un nivel avanzado en inglés y chino

fondo y en todo ámbito sus lenguas maternas supercentrales, o incluso centrales, si estas cuentan con herramientas de traducción e interpretación automáticas de calidad. Esto incrementará la capacidad de generar valor de los individuos y ampliará la participación efectiva de más comunidades en el diálogo global.

La ausencia de una lengua vehicular mundial única intensificará la competencia entre las lenguas supercentrales por atraer hablantes y expandir la influencia de las culturas que portan. Pero esta competencia más que basarse en la utilidad —muy relativa para los hablantes de lenguas supercentrales y en muchos casos centrales, pero absolutamente palpable para los hablantes de lenguas periféricas no equipadas—, ha de hacerlo en el *atractivo cultural*, si damos por descontado la capacidad de cada lengua supercentral para generar —o traducir instantáneamente— contenidos de calidad y ofrecer oportunidades en diversos ámbitos, ya que el idioma no será barrera en el mercado de trabajo.

Cabe señalar también que la educación y la formación deberán adaptarse a esta nueva realidad: más que centrarse en la enseñanza de idiomas extranjeros, deberá hacerlo en claves de comunicación intercultural y, en un primer tiempo[112], en el uso óptimo de herramientas de traducción automática.

Este nuevo panorama lingüístico plantea, claro está, enormes desafíos. Quienes controlan la tecnología y el desarrollo de la traducción e interpretación automáticas detentan un enorme poder, claramente creciente en la medida en que ellas se perfeccionan y se hacen omnipresentes e indispensables, so pena de marginación. Esto —de no ser su administración, como mínimo, neutra y benevolente— podría generar problemas de privacidad, manipu-

mandarín se basan en una combinación de factores, incluyendo mi conocimiento previo sobre el aprendizaje de idiomas, estimaciones de expertos e instituciones, el Marco Común Europeo de Referencia para las Lenguas, la dificultad relativa de cada idioma y la lengua materna del estudiante.

112 En efecto, en la medida que pase el tiempo, la traducción e interpretación automáticas no solo serán más potentes, sino también podrán ser usadas de manera totalmente intuitiva, incluso sin conciencia de ello.

lación de la información y acceso desigual a la traducción e interpretación automáticas. Esto, tal como lo señalé en una sección anterior titulada «El reto tecnológico del español: la convergencia de la inteligencia artificial con el procesamiento de lenguaje natural», requiere una gestión panhispánica para ser tratado desde una posición de poder y teniendo claro que, al día de hoy, el estar presente en todo lo que implique digitalización de la lengua, es un imperativo irrenunciable para todo colectivo que pretenda no naufragar en el océano de la globalización.

En el panorama, relativamente inminente, de comunicación total entre lenguas supercentrales, el valor simbólico —prestigio— y utilitario —acceso a todo— de la plenitud digital se torna absolutamente estratégico: no estar allí significará quedar al margen del punto de máxima variedad humana en cabal contacto, generador de infinitos intercambios, fuente de una creación de inmensa riqueza en todos los órdenes[113]; no estar allí significará, inexorablemente, ser periférico, estar subordinado y, como lengua y cultura, en proceso de decadencia y eventual desaparición. Hoy, en consecuencia, no se trata solo de realizar esfuerzos desplegando una mezcla de poder económico-político-mediático-militar para estar en el centro del sistema y no en márgenes

113 Vale la pena traer a colación aquí los episodios bíblicos de la Torre de Babel y Pentecostés. La Torre de Babel representó la confusión de la humanidad por la introducción de la diversidad de lenguas para separarla y tornarla incapaz, por falta de entendimiento mutuo, de obras de gran calibre. La traducción automática emerge como una suerte de nuevo Pentecostés e implica un paradigma antitético al babélico: al permitir que cada uno escuche y sea escuchado *en su propia lengua*, fomenta la comprensión y la colaboración *de la humanidad entera*, como en Babel antes de la confusión, pero *desde la pluralidad*. En efecto, la posibilidad de entendernos sin barreras idiomáticas, de compartir conocimientos, ideas y experiencias en tiempo real, al más alto nivel, independientemente de nuestra lengua materna, abre un horizonte inédito de oportunidades *desde la unidad y la diversidad*. La colaboración *global plural* en ciencia, tecnología, arte y cultura, de atenuarse las dinámicas de bloques, podría verse potenciada y generar un flujo de ideas y soluciones que impulsarán evoluciones mundiales de un signo probablemente distinto —más rico y complejo— que el actual.

peligrosas. No. Hoy se trata también —y esto no está en foco— de estar al día en la digitalización de la lengua en particular y de la cultura en general.

¿IMPORTA CUÁNTOS ESTUDIAN ESPAÑOL COMO LENGUA EXTRANJERA EN EL MUNDO?

El español es la cuarta lengua del mundo en lo que a aprendices de idiomas extranjeros se refiere. La primera, por supuesto, y por goleada[114], es el inglés: se trata hoy, en razón del poderío que exhibe el bloque anglófono en todos los planos, del centro del sistema lingüístico mundial, la lengua vehicular del planeta, esa que nos sirve para preguntar dónde está el baño en cualquier aeropuerto del mundo (aunque no necesariamente entendamos la respuesta). La segunda con más aprendices es el francés, gracias a una magnífica labor de diplomacia cultural mundial plena de convicción, recursos y creatividad liderada claramente por la propia Francia, a pesar de que existen otros países que también la tienen como lengua oficial[115]. Ello ha permitido a esta lengua mantener posiciones clave en el tablero internacional desde el siglo XVIII hasta hoy a pesar de que su poder real ha disminuido y de que es mucho menos hablada que la nuestra[116]. La ter-

---

114 Hay más de mil millones de aprendices de inglés en el mundo. Ninguna de las lenguas que más se le acercan sobrepasa los cien millones.

115 Actualmente, hay 29 países que reconocen al francés como lengua oficial. Además de estos, existen varios territorios y regiones donde el francés también tiene estatus oficial, lo que eleva el número total de entidades políticas donde el francés es oficial a 36. Es importante destacar que en algunos de estos países, el francés coexiste con otras lenguas oficiales, mientras que en otros es el único idioma oficial. También que el porcentaje de hablantes nativos de francés varía mucho: entre menos del 10 % en algunos países africanos hasta más del 80 % en Francia.

116 El español tiene alrededor de 500 millones de hablantes nativos, mientras que el francés tiene aproximadamente 80 millones. Esto significa que hay alrededor de seis veces más hablantes nativos de español que de francés. En términos de hablantes totales, el español tiene aproximadamente 600 millo-

cera es la estrella ascendente: China. Su creciente poder económico y político ha impulsado el interés por el mandarín en todo el mundo. Pero su complejidad gramatical, su sistema de escritura, el hecho de no ser una lengua indoeuropea —lo cual la aleja en extremo de la mayoría de candidatos a aprenderla, hablantes de lenguas indoeuropeas—, la disponibilidad relativamente baja de recursos de enseñanza-aprendizaje, su poco atractivo en lo referido a cultura pop y las inercias aislacionistas de una cultura que construyó un imperio terrestre y continental y no uno marítimo y mundial[117] nos llevan a pensar que no habrá una relación directa entre el poder real chino y la expansión del mandarín. Nuestra lengua llega de cuarta en este podio. ¿Debe ello preocuparnos?

Toda señal sobre la debilidad o fortaleza de nuestra lengua —y de la irradiación de la cultura hispánica en el mundo— debe ser objeto de nuestra atención, ya que habla de nuestra capacidad de influencia global y de cómo nos perciben los otros. En este sentido, el cuarto lugar en el podio da cuenta de la realidad actual y nos ofrece un objetivo factible a mediano plazo: pasar al segundo puesto y ulteriormente, como mínimo, equipararnos en la pri-

---

nes, y el francés tiene alrededor de 300 millones. Por lo tanto, hay aproximadamente el doble de hablantes totales de español que de francés.

117 En el siglo XV, China poseía una capacidad marítima considerablemente superior a la de España. La flota del tesoro de Zheng He, que realizó siete expediciones entre 1405 y 1433, era mucho más grande y tecnológicamente avanzada que cualquier flota europea de la época. Sus barcos eran más grandes, más resistentes y contaban con sistemas de navegación más sofisticados. Sin embargo, tras la muerte del emperador Yongle, quien patrocinó las expediciones de Zheng He, la nueva dinastía Ming adoptó una política aislacionista. Las expediciones marítimas se consideraron un gasto innecesario y se prohibió la construcción de grandes barcos. La principal preocupación de la dinastía Ming era la defensa de sus fronteras terrestres contra las incursiones de los mongoles y otros pueblos nómadas. Esto llevó a una inversión masiva en la construcción y mantenimiento de la Gran Muralla, desviando recursos de la exploración marítima. Por otra parte, consideraban a China como el centro del mundo y veían a los extranjeros como bárbaros.

mera plaza[118]. Ahora bien, tengamos presente lo dicho en la sección anterior, insistamos sobre ello. En un futuro muy próximo, las lenguas no serán aprendidas —como ocurre hoy en la inmensa mayoría de los casos— por necesidad: lo serán por placer, curiosidad, afectos, atracción o admiración. Y ello, repitiendo lo recién señalado, debido a la intensa y abrupta irrupción de la traducción y de la interpretación automáticas. Por lo tanto, entes como el British Council, el Instituto Confucio, las Alianzas Francesas, el Goethe Institut o el Instituto Cervantes *deberán promover, más que la lengua, eventos susceptibles de generar placer, curiosidad, afectos, atracción o admiración referidos a sus respectivas culturas para generar el poder blando necesario*[119].

Dado lo anterior, el número de estudiantes de español como lengua extranjera es un indicador que no debe preocuparnos demasiado. Lo que debe hacerlo es el asegurar los recursos para que la nuestra sea una lengua plena a partir de la cual resulte posible entrar en comunicación con los hablantes de las otras principales lenguas del mundo para no quedar al margen de los intercambios globales. Y, fortaleciendo nuestra cultura y difundiéndola, tener influencia.

118 En el libro *English Next* de David Graddol (2006), encargado a este lingüista por el mismísimo British Council, se sugiere que, aunque el inglés continuará siendo una lengua global importante, no será la única central, la que hemos llamado hipercentral. Plantea que para el 2050 habrá un panorama lingüístico policéntrico: varias lenguas —inglés, español, chino, hindi-urdu, árabe— serán centrales en distintas regiones del mundo. Este cambio estaría impulsado por factores demográficos, económicos y culturales que fomentan el crecimiento y la influencia de estas lenguas. La traducción e interpretación automáticas no despuntaban para entonces.

119 El poder blando, basado en la atracción y la persuasión, permite a países, organizaciones o individuos influir en otros mediante elementos como la cultura, los valores, las políticas, la diplomacia pública y sus instituciones. Esta influencia se materializa en la admiración por la cultura estadounidense o francesa, por ejemplo. Aunque su efectividad es difícil de medir y requiere inversión a largo plazo, el poder blando es una herramienta clave en las relaciones internacionales para alcanzar objetivos sin recurrir a la fuerza. El concepto fue acuñado por el profesor Joseph Nye, de Harvard, en 1990.

URGENTE: UNA INSTITUCIONALIDAD PANHISPÁNICA DE AMPLIO ESPECTRO

Desde el seno del Estado español

En septiembre de 2021, en el seno del Ministerio de Asuntos Exteriores, Unión Europea y Cooperación (MAUEC) de España, se crea la Secretaría de Estado para Iberoamérica y el Caribe y el Español en el Mundo, con dos Direcciones Generales: la DG para Iberoamérica y el Caribe, y la DG del Español en el Mundo (DGEM)[120]. Esta última persigue líneas de acción absolutamente claves «para optimizar todo el potencial que el español ofrece en el ámbito internacional». Destacaré la línea rotulada como *coherencia*, que busca «garantizar el principio de unidad de acción en el exterior en el ámbito de la proyección internacional del español, dentro de una estrategia común que fortalezca la coherencia de la actividad de la Administración, las instituciones públicas y privadas y el sector académico, empresarial y profesional del español», la línea denominada *cohesión*, que persigue «contribuir, a través de diferentes estrategias comunes de promoción del idioma español, a una mayor cohesión de la comunidad hispanoparlante a nivel global y de las redes existentes en la sociedad civil que tengan el español como lengua vehicular»; la línea atinente a *tecnología*, que busca «avanzar hacia un modelo de inteligencia artificial que contemple todas las variantes del español y que constituya un corpus cada vez más completo y armonizado de nuestro idioma, en coordinación con el resto de países de habla hispana» y otras líneas referidas a *diplomacia, medios, economía, ciencia y accesi-*

120 Esta a su vez se subdivide en dos subdirecciones: la Subdirección General de Coherencia en la Acción de Fomento del Español y la Subdirección General de Fomento del Español en el Mundo. Ver: https://www.exteriores.gob.es/es/PoliticaExterior/Documents/ESPANOL-EN-EL-MUNDO-v2.pdf.

bilidad. Básicamente, como lo dice su nombre, todo lo que tiene que ver con la irradiación del español en el mundo y que sea susceptible de ser coordinado con instancias peninsulares y/o hispanoamericanas debería ser de alguna manera registrado o procesado por esta dirección en beneficio de una acción panhispánica global coherente y cohesiva.

Cabe señalar también la existencia de la AECID (Agencia Española de Cooperación Internacional para el Desarrollo), inserta igualmente en el MAUEC, pero bajo la Secretaría de Estado de Cooperación Internacional. Desempeña un papel importante[121] en la promoción y el fortalecimiento del español *en países de habla hispana* —diferencia clave con respecto al Instituto Cervantes—a través de diversas iniciativas de colaboración y desarrollo que en muchas ocasiones cuentan con oficinas e incluso centros[122] implantados localmente[123]. Aunque su enfoque principal no es la enseñanza directa del idioma[124], la AECID contribuye a la educación bilingüe intercultural, apoyando programas que favorecen la enseñanza del español junto con lenguas indígenas. Además, fortalece las capacidades de las instituciones educativas mediante la formación de docentes y la provisión de recursos didácticos. Esta labor no solo refuerza el uso del español como un vehículo de comunicación esencial, sino que también facilita el acceso a oportunidades económicas y sociales para

121 Cuenta con un presupuesto muy considerable: más de 700 millones de euros para el 2024.

122 Ver https://www.aecid.es/la-aecid/estructura/aecid-en-el-exterior-directorio-de-uce.

123 Dispone de 16 centros culturales ubicados en 15 países de América Latina y el Caribe, y en Guinea Ecuatorial.

124 En artículo publicado el 21/09/2024 (https://www.vozpopuli.com/espana/ideologia-exteriores-hispanoamerica.html) se indica que «la AECID continúa celebrando talleres culturales tradicionales en los que se llevan a cabo lecturas de las obras más importantes de la literatura castellana y exposiciones en las que se muestran las obras de los artistas clásicos [pero] las actividades más presentes en su programa están relacionadas con la promoción de los derechos LGBIQ+ y el empoderamiento de las mujeres». ¿Deriva ideologizante en curso?

diversas poblaciones, contribuyendo al desarrollo y a la cohesión social. Sin embargo, nos ocuparán más la DGEM y el Instituto Cervantes, ya que nuestro foco estará puesto en el español en el mundo globalmente considerado.

¿Logra la DGEM tener una visión de conjunto y efectivamente alinear, estimular o apoyar —oficial u oficiosamente— el trabajo de un enjambre institucional peninsular que incluye organismos adscritos a su propio ministerio[125], otros ministerios[126], organismos internacionales[127], corporaciones de derecho público[128], empresas privadas[129], fundaciones privadas[130], entidades vinculadas a comunidades autónomas, asociaciones civiles, etc.? ¿Logra relacionarse con los otros países hispanohablantes para coordinar el equipamiento e irradiación de la lengua española y la cultura en lengua española en el mundo? Esto resulta difícil de juzgar. El trabajo diplomático suele tener una naturaleza discreta[131] y los logros o fracasos —o la simple medianía— con frecuencia no son atribuibles en absoluto a un ente coordinador, sino a empeños

125 Pienso en la AECID, que se halla en el mismo ministerio, pero bajo otra secretaría de Estado. Aunque la DGEM actúe a un nivel más estratégico normativo y global, y la AECID, en lo referido al español, esté circunscrita a los países hispanohablantes y se encargue de la ejecución práctica de proyectos y programas específicos, no puedo imaginar que la primera no enmarque o busque enmarcar la acción de la segunda para cumplir con su objetivo rotulado como coherencia, explicado más arriba.

126 Por ejemplo, el Ministerio para la Transformación Digital y de la Función Pública, Ministerio de Ciencia e Innovación, Ministerio de Cultura y Deporte.

127 Por ejemplo, la Secretaría General Iberoamericana (SEGIB).

128 Por ejemplo, la Real Academia Española.

129 Por ejemplo, Telefónica y los grandes bancos españoles.

130 Por ejemplo, la Fundación del Español Urgente (FUNDÉU).

131 Sin embargo, hay signos palpables. Mencionemos uno, negativo, de ocurrencia reciente: la embajada de Francia logra detener, con la colaboración de Alemania e Italia, en la sede de los diputados brasileños, el que el español se vuelva lengua de enseñanza en los institutos/liceos de ese país. Grave revés diplomático. Esa movida ha debido ser muy bien atada por la DGEM concertando al enjambre institucional peninsular y a los países hispanoamericanos. Se diría que no lo fue. Ver: https://www.eldebate.com/educacion/20240722/francia-italia-alemania-presionan-espanol-no-sea-obligatorio-institutos-brasil_214844.html.

de una persona o institución específicos en un campo acotado. Por otra parte, los objetivos de una política de Estado se siembran a corto, mediano y largo plazo: lo que no vemos hoy puede estar sembrado para mañana o las próximas décadas. Pero, en todo caso, la DGEM sí posee una limitación estructural: *se halla al servicio de un solo Estado.* Y lo mismo le ocurre a su más visible brazo ejecutor global: el Instituto Cervantes[132]. Y la acción, para resultar plenamente eficaz ha de ser, en cuanto se pueda, panhispánica.

Por una institucionalidad auténticamente panhispánica y más allá de ASALE

Al día de hoy, la *única institución genuinamente panhispánica* con sede física, presupuesto, personal propio e incidencia palpable en la realidad es la Asociación de Academias de la Lengua Española (ASALE)[133]. Genuinamente panhispánica: sus miem-

132 Otra limitación parece aquejar al Instituto Cervantes, esta coyuntural, pero gravísima, y que habrá de ser revertida: el diluir su misión permanente y fundacional —promoción del español y de la cultura hispánica en el mundo— en modas ideológicas o alineamiento con líneas gubernamentales puntuales. Tal parece ser el caso hoy: «Cuando los responsables del Instituto Cervantes de todo el mundo fueron conducidos el 24 de julio [de 2024] por el director de esa institución, Luis García Montero, a escuchar al rector de la Universidad de Barcelona sobre multilingüismo, desconocían el talante del rector Guàrdia, empeñado en imponer el uso del catalán marginando el español. Aquel guiño del director del Instituto al nacionalismo excluyente, la utilización de la sede de ese organismo para la última alocución del presidente del Gobierno para promocionar un libro ideado en Moncloa o adjudicar al Instituto los objetivos de sostenibilidad, plurilingüismo, igualdad de género, la reducción de la huella de carbono…, son hitos en la apropiación de la imagen de dicha entidad por el sanchismo». https://www.vozpopuli.com/espana/instituto-cervantes-coreografia-sanchista-director.html#section-comments.

133 La Real Academia Española (RAE) desempeña un rol fundamental y preponderante en la Asociación de Academias de la Lengua Española (ASALE), más allá de ser una de sus 23 academias miembro. Fundada en 1713, la RAE tiene una larga historia en la elaboración de normas y guías para el uso del español, sentando así bases que han influido en la legislación de políticas lin-

bros son las academias de todo el orbe hispanohablante, incluyendo a Filipinas, Guinea Ecuatorial y Norteamérica. Con incidencia tangible: se ocupa con tino de consensuar nada menos que los tres pilares de la lengua —gramática, léxico y ortografía— y sus pautas y sugerencias —factor centrípeto inestimable— son ampliamente aceptadas en todo el orbe hispánico. Resulta imposible exagerar la importancia de esta institución: su trabajo cohesiona, enriquece y equipa el cuerpo de la locomotora que más nos une e impulsa[134].

Ahora bien, se impone ir más allá del trabajo de la ASALE y para ello resulta impostergable crear un foro panhispánico permanente a fin de allanar el terreno para un reajuste que lleve nuestro cuerpo histórico-cultural común a máximos rendimientos. *Ese foro no existe*: salvo la mencionada excepción, nos diluimos en cartografías inespecíficas —Iberoamérica, Latinoamérica, Latinoamérica y el Caribe, instancias panamericanas— que no conducen al óptimo aprovechamiento político-económico-cultural de la singularidad panhispánica. Mientras tanto, francófonos y lusófonos sí han creado foros de amplio espectro con la lengua como factor cohesionador: la *Organisation Internationale de la Francophonie* y la *Comunidade dos Países de Língua Portuguesa*. Los anglófonos, por su parte, no necesitan una instancia semejante al ser su modelo y lengua hegemónicos desde la base de un

güísticas en todo el ámbito hispanohablante. En el seno de la ASALE, la RAE actúa como un referente central —la preside de forma permanente— promoviendo y liderando proyectos conjuntos de gran relevancia, como la elaboración del Diccionario de la Lengua Española, la gramática y la ortografía. Esta colaboración coadyuva a la unidad, integridad y evolución coherente del español en todos los países donde se habla. La RAE aporta impulso, experiencia y recursos de todo tipo, además de coordinación y cohesión dentro de la ASALE. Coadyuva decisivamente a la creación de un espacio dinámico de diálogo y consenso donde se respetan y consideran las variaciones regionales del español, permitiendo así una gestión panhispánica que encarna en hechos e incide en la realidad.

134 Sobre el panhispanismo lingüístico recomiendo leer a Francisco Javier Pérez, particularmente su libro *Por una democracia de la lengua*, citado en la bibliografía. Ostenta actualmente la secretaría general de ASALE.

país-continente: los Estados Unidos. China, por otro lado, tampoco: contiene en sí a la práctica totalidad de los hablantes de mandarín y, a los que se hallan fuera, desea anexionarlos (Taiwán).

Más del 90 % de los hispanohablantes se halla en América y lo óptimo sería que de ella viniese el impulso inicial al foro panhispánico permanente, pero no encuentro allí entes privados o públicos *organizados, poderosos y con amplia irradiación geográfica* que estén poniendo la cultura en español en el tope de sus prioridades. Ni uno solo. Veo aquí otro síntoma de la miopía de las élites, circunscritas a su islote en el archipiélago hispano. Percibo también el influjo de los relatos inhabilitantes hegemónicos, que impiden a los hispanoamericanos asumir como propio y con orgullo el legado hispano, llegando incluso a aborrecerlo. Debemos sacudir estas inercias: en la orilla americana del español, tenemos que ser mucho más activos y coordinados —entre hispanoamericanos y con España— en la gestión panhispánica y global de nuestra propia lengua. Con frecuencia se diría que en estos temas actuamos en Hispanoamérica como usufructuarios o como subalternos: usamos el español y lo conservamos haciendo lo mínimo, seguimos directrices en cuya forja no hemos participado suficientemente o en absoluto. Propongo que actuemos aquí tal como lo hacemos en la literatura: a plenitud[135]. Como los *copropietarios* que somos. Intervengamos cabalmente en la forja de la institucionalidad panhispánica global del español. Sin tremendismos, improvisaciones, resentimientos o indiferencia. Con planificación estratégica, compromiso real y constante, conocimiento íntegro, voluntad de coordinación, sentido de unidad y aporte de recursos económicos. Así, el patrimonio en lengua española, que es de todos nosotros, será más atractivo para los

135 El más reciente momento de irradiación cultural hispanohablante en el mundo provino de Hispanoamérica: el llamado «*boom* de la literatura latinoamericana».

extraños y más entrañable para los propios. ¿Puede cuantificarse el inmenso beneficio que esto nos depararía?

Pero en ningún país hispanoamericano, al menos de manera rastreable, existe una planificación estratégica de talla y con recursos que busque coordinarse con los otros hispanos en el mundo y ampliar la irradiación de nuestra lengua y cultura. La observación de las acciones e iniciativas llevadas a cabo por ellos revela un predominio de acuerdos bilaterales, proyectos puntuales, o dilución en organismos «iberoamericanos». No se nota por parte de ningún país una voluntad de articulación clara a nivel regional y mucho menos panhispánico. Esto no niega la existencia de algunos esfuerzos valiosos[136]. Sin embargo, a nivel general, la falta de una visión estratégica, una coordinación efectiva y un aporte real de recursos limita el impacto y la proyección de estas iniciativas.

Complejos hispanoamericanos

Ocurre otra cosa, y grave, en Hispanoamérica: suele no perderse la oportunidad —los complejos no descansan— de presentar a España como victimaria eterna y autorrepresentarnos nosotros, los hispanoamericanos, como sus indisociables y perennes víctimas, despreciando así la institucionalidad panhispánica realmente existente, con sede en Madrid, sin proponer nada factible o, peor aún, proponiéndolo y no realizándolo en lo más mínimo. A mi manera de ver, resulta emblemático en este sentido un manifiesto titulado «Por una soberanía idiomática» publicado en septiembre de 2013 en el diario argentino *Página 12*[137] suscrito

---

136 Por ejemplo, el convenio Andrés Bello, organismo intergubernamental compuesto por Bolivia, Chile, Colombia, Cuba, Ecuador, España, México, Panamá, Paraguay, Perú, República Dominicana y Venezuela. Su foco está puesto en integración educativa, científica, tecnológica y cultural. Ver: https://convenioandresbello.org/.

137 https://www.pagina12.com.ar/diario/elpais/1-229172-2013-09-17.html

por un grupo de escritores, intelectuales y académicos de ese país austral. Ya la mera palabra soberanía en este contexto me lleva a fruncir el ceño: ¿secesionismo lingüístico en puertas? No. Se aboga por «sostener el camino de una lengua cosmopolita, a la vez, nacional y regional». ¿Por qué no? El todo está en guardar un equilibrio entre comunicación e identidad, unidad y diversidad, centrípeto y centrífugo y avanzar juntos sin atomizaciones. El documento aborrece, por otra parte, de la institucionalidad realmente existente y sus apoyos, amén de atribuirle, sin mayores evidencias, intenciones siniestras: «El Cervantes, organismos como Fundéu (Fundación para el Español Urgente), y las expresiones y acuerdos de colaboración con las Academias Nacionales de la lengua, suelen indicar explícitamente el patrocinio de empresas e instituciones que las promueven: Iberia, BBVA, Banco Santander, Repsol, RTV, Agencia EFE, CNN en español, etc. Los efectos de esta ofensiva de dominio sobre la lengua son vastísimos y de compleja delimitación. Nos interesa destacar aquí, preliminarmente, el modo en que se han ido obstaculizando las vías de comunicación, encuentro e intercambio latinoamericano. Las corporaciones de medios y los monopolios editoriales en combinación con las instituciones y organismos de control de la lengua produjeron un creciente aislamiento cultural entre nuestros países, solo revisado en el plano político, social y económico por los proyectos de integración regional (Unasur, Mercosur, ALBA), pero no suficientemente interrogado en el plano cultural». La verdad, veo, sí, el aislamiento cultural al que se alude, pero como fruto de la alianza de nuestras élites con factores —básicamente anglos— que nos quieren bien dispersos. No como fruto de los factores aludidos, a los cuales estimo más bien positivos y en todo caso claramente mejores que la nada o castillos en el aire. ¿Mejorables estos factores? Claro. ¿Con más participación hispanoamericana? Hágase, sí, por favor. Pero más de diez años después de la publicación de este texto en el que se propone «la constitución de un foro de debates en el Museo del Libro y de la Lengua de la Biblioteca Nacional [...] la creación de un Instituto Borges [...] la creación de una Asociación Latinoamericana de la lengua», no he logrado encontrar en las redes rastro alguno de que hayan tomado cuerpo.

Dado lo anterior, mientras se equilibran las cargas hacia América —¿México[138]?—, España debería ser la locomotora del foro permanente panhispánico. Ella, como Estado, pone medios materiales y utiliza la cultura en nuestra lengua como caja de resonancia para presentarse ante el mundo con cartas mucho más susceptibles de influencia que las de, por ejemplo, Polonia; empresas privadas españolas de gran talla —BBVA, Telefónica, Santander—, por su parte, no han vacilado en apoyar o crear iniciativas muy pertinentes en función de la lengua; el debate en torno al español en sus más disímiles aspectos, además, resulta tangible en las noticias, redes sociales e incluso tribunales. Amén de lo ya señalado, puede hacer acopio de la experiencia de dos de sus instituciones esenciales en la materia —el Instituto Cervantes y la RAE—, de su recorrido en diplomacia cultural —DGEM y sus antecesores—, aprovechar la presencia en su suelo de organismos panhispánicos —ASALE— e iberoamericanos —SEGIB, OEI— y sacar provecho de la notoria convergencia de inmigrantes hispanoamericanos en el Madrid actual, único punto de encuentro de todos los acentos del orbe hispanohablante...[139].

---

138 En un mundo ideal, México ya debería ser la locomotora de la hispanidad: se trata del país hispanohablante más poblado, tiene decenas de millones de sus nacionales regados en los EE. UU., posee el legado hispánico más fuerte en América, detenta el mayor PIB hispano. Sin embargo, sumergido en relatos inhabilitantes de autoodio, acoplado a una agenda norteamericana anglo subordinante y alienante, ensimismado en su condición de país-continente de inmensa diversidad, cultivador —aunque esto está cambiando desde hace muy poco— de doctrinas aislacionistas en lo internacional, México es renuente a asumir un rol de «hermano mayor» de la familia hispana. Se mantiene más bien concentrado en sí mismo con la vista puesta hacia EE. UU. Cuando México asuma su condición hispánica sin complejos, pasará muy probablemente de subordinado de la anglosfera a líder de los hispanos. Todo cambiará y se acelerará entonces.

139 Cabe señalar aquí un factor clave: una comunidad que se ve «en la película» no se siente fuera de ella y es ama del vehículo más expedito y cotidiano de autorrepresentación. Madrid puede erigirse en el gran nodo de la producción audiovisual en español en el mundo. A esto apuntan el ambicioso proyecto

Condiciones de una institucionalidad panhispánica eficiente

¿Qué condiciones irrenunciables debe reunir el foro permanente panhispánico para tener éxito? Veámoslas cada una por separado.

Debe ser una entidad con *capacidad real de influencia y ejecución*. Es decir, con personalidad jurídica y presupuesto propio. No puede tratarse de una mera federación de entidades preexistentes sin la fuerza suficiente para la magnitud de la tarea. No. Valga como antiejemplo Canoa «plataforma de difusión y promoción internacional de la cultura en español»[140], muy solemnemente fundada en 2020, que —en teoría— pone en red a importantes instituciones —Instituto Cervantes, Instituto Caro y Cuervo, Centro Cultural Inca Garcilaso, la Universidad Autónoma de México y la Universidad de Buenos Aires— y que, tras su fundación en 2020, *se halla completamente inactiva*, tal como se puede apreciar en la sección de noticias de su propio cibersitio. La que pretendía ser «la red panhispánica para la internacionalización de la cultura en español», la que deseaba complementar «en el terreno cultural la labor que ya realizan la Secretaría General Iberoamericana (SEGIB) y la Organización de Estados Iberoamericanos (OEI)... [y ser]... una plataforma de colaboración entre instituciones públicas y privadas, universidades y centros de pensamiento, que nos sirva para afianzar la internacionalización de la cultura en español», el ente en que tantas esperanzas cifró María Elvira Roca Barea, quien le dio la bienvenida escribiendo «la tarea que hay por delante es ilusionante y formidable: dar cobertura e impulso a distintas iniciativas panhispánicas que permitan optimizar las gigantescas potencialidades culturales —y no solo en cultura— de

del complejo de producción audiovisual Madrid Content City (https://www.madridcontentcity.com/) y el plan España, Hub Audiovisual de Europa, dotado con más de 1600 millones de euros hasta 2025 (https://portal.mineco.gob.es/es-es/TID/hub-audiovisual/Paginas/el-plan.aspx).

140 http://redcanoa.org/presentacion.htm

la comunidad hispana»[141]… ¡no ha hecho nada! La pregunta es… ¿por qué? ¡Es que nadie es responsable de nada en tanto Canoa! No consta en el cibersitio ni siquiera la existencia de una secretaría y cuando se escribe al único contacto que se señala —un correo electrónico— nadie responde. Se diría que las instituciones involucradas hicieron un hueco para firmar el acta fundacional y luego prosiguieron su vida institucional individual, esa sí, absorbente y plena de actividades. Abandonaron, pues, la canoa. Probablemente algo similar ocurriría entre las academias de la lengua si ASALE no tuviese su secretaría, presupuesto, personal, dirección física, programas, etc., susceptibles de impulsar y cohesionar a quienes, de otra manera, solo trabajarían por separado[142].

Debe tratarse de una entidad *permanente*, puesto que el seguimiento de los asuntos exige ir más allá de congresos periódicos[143]. Los Congresos Internacionales de la Lengua Española, de periodicidad trienal, constituyen un extraordinario aporte de reflexiones para nuestra comunidad lingüística que deberían hallar un camino más ancho hacia la incidencia en la realidad. Para que ello ocurra parecen insuficientes una reunión cimera de pocos días y una secretaría permanente en el seno de un organismo —el Instituto Cervantes— que, además, responde a un solo Estado. Hace falta un seguimiento continuo, pleno y panhispánico. Imposible con el precario compromiso de Hispanoamérica y sin un ente permanente que nos englobe.

Debe ser una entidad *inclusiva de todos*, no al servicio de un solo Estado ni de los solos Estados. En efecto, para que su influencia y autoridad sean reales y se logre el impacto virtuoso de la gran escala, es imprescindible que lo que se planifique, disponga

---

141 https://www.elmundo.es/opinion/2020/06/22/5eef3f7c21efa03b0b8b4624.html

142 Pienso que también es decisivo el hecho de que exista el liderazgo claro —dados su historia, recursos y visión de conjunto— que asume la RAE en el seno de ASALE. Opera como locomotora y, si se me permite el neologismo, «centripetadora».

143 https://congresosdelalengua.es/default.htm

y ejecute no responda a los intereses de un Estado específico, sino a una visión forjada en común y en igualdad de condiciones. Que lo dispuesto no resulte ajeno o impuesto. Para ello, no es suficiente el abrir las puertas de las instituciones españolas a los hispanoamericanos, por más loable que esto pueda ser[144]. Lo suficiente es la creación de instituciones genuinamente panhispánicas cuya directiva y financiamiento ha de ser claramente plurinacional.

Debe ser una entidad que *no abarque otras lenguas*, ya que el español es el factor cuya potenciación se persigue por ser el dispensador de los beneficios esperados. Actualmente nos diluimos en cartografías que, por mucho abarcar, poco aprietan. *El orbe hispánico es lo suficientemente específico y grande como para reunir en sí mismo la talla óptima de manera orgánica*. Ir más allá de lo hispánico es dilución debilitante, hace la tarea reunificadora más compleja a la par que resta organicidad. Se ha insistido mucho en hacer bloque con el mundo lusófono. Lo considero un error, al menos en una primera etapa. En el continente americano, Brasil es un gigante sin par en Suramérica[145] y, vistas sus dimensiones e historia de expansión territorial a costa de sus vecinos hispanoamericanos, convendrá abrazarlo solo cuando se tenga la misma talla y tras cuidadosas consideraciones. Por otra

---

144 El Instituto Cervantes, bajo la gestión de García de la Concha, llevó a cabo un proceso de «iberoamericanización» para implicar a los países hispanohablantes en la promoción del español (https://cervantes.org/es/sobre-nosotros/sala-prensa/notas-prensa/la-iberoamericanizacion-del-cervantes-una-realidad-con). Estableció acuerdos de colaboración con México, Colombia, Chile y Perú que le permitieron utilizar centros culturales mexicanos en Estados Unidos y colaborar con la Universidad Nacional Autónoma de México. Además, firmó un acuerdo con las Academias de la Lengua Española para impartir cursos de español a indígenas. Y todo ello está muy bien, *pero si los países hispanoamericanos no se sientan en la directiva y no proveen fondos a la institución, no se trata del ente cuyas características intentamos esbozar.*

145 Ningún país suramericano se acerca a Brasil en cuanto a tamaño de la economía, población y territorio. Un contrapeso efectivo hispánico se intentó a través de la Comunidad Andina de Naciones. Este intento fue dinamitado en 2006 por Venezuela, que salió de la entidad para unirse a Mercosur: Buenos Aires y Brasilia tenían regímenes políticamente más cercanos a Caracas. El contrapeso a Brasil voló así por los aires.

parte, no podemos hablar de hermandad. A pesar de la semejanza lingüística, la historia no es común. Salvo unos pocos años, no vivimos bajo una misma corona, el imperio portugués fue claramente depredador[146] y el aliado histórico de Portugal ha sido un adversario mortal de lo hispánico: Inglaterra. No es poca cosa. Por último, un signo palpable contemporáneo de talla: no escuchamos la misma música. Y no se puede subestimar la importancia de esto: la música juega un papel esencial en la vida de un pueblo al servir como una expresión poderosa de su identidad cultural[147]. Y sucede que las carteleras de éxitos musicales en Brasil e Hispanoamérica, por tomar un indicio, evidencian una clara divergencia cultural. Los géneros musicales predominantes, los artistas más populares, las plataformas de *streaming* y los festivales de música difieren notablemente entre ambas regiones. En Brasil, los géneros más populares suelen ser el sertanejo, el funk carioca, el pagode y la samba. En Hispanoamérica, en cambio, predominan el reguetón, el pop latino, la bachata, el trap y la música regional mexicana.

---

146 Gustavo Bueno, filósofo español, desarrolló una teoría filosófica de los imperios en la que distingue entre dos tipos principales: el imperio generador y el imperio depredador. El primero es aquel que establece estructuras políticas, jurídicas, culturales y económicas que son beneficiosas no solo para la metrópoli, sino también para los territorios incorporados al imperio. Este tipo de imperio busca integrarse y generar un desarrollo mutuo, creando infraestructuras, promoviendo el conocimiento y fomentando un intercambio cultural y económico que implique cierto grado de igualdad y beneficio compartido. El imperio depredador, en cambio, se caracteriza por explotar los territorios que conquista o controla sin aportarles ningún tipo de beneficio. Su relación con los pueblos sometidos es meramente extractiva y basada en el beneficio unilateral para la metrópoli. Esto incluye la extracción de recursos naturales, la explotación de la población local y la imposición de estructuras que favorecen únicamente al conquistador.

147 A través de sus ritmos, melodías y letras, las comunidades transmiten historias, valores y tradiciones, preservando y comunicando su cultura de generación en generación. Además, la música fomenta la cohesión social al unir a las personas en eventos comunitarios, celebraciones y rituales, creando un sentido de pertenencia y solidaridad. Asimismo, funciona como un canal para la expresión emocional, permitiendo que las personas canalicen sus alegrías, penas, retos y aspiraciones.

Debe ser una entidad de *amplio espectro*, pero cumpliendo etapas, con foco. En un primer tiempo, se trataría de consolidar el núcleo lingüístico. Hecho lo anterior se trataría de incorporar —con orden, sosiego y aplomo— lo cultural. Afianzado esto, se iría hacia la cooperación económica, científica, tecnológica, militar, sanitaria, migratoria...

Tareas inmediatas de la Comunidad de Países de Lengua Española

Recapitulando lo ya dicho en otras secciones y adelantándonos a factores que desarrollaremos más adelante, vamos a enunciar los elementos *del núcleo lingüístico inmediato esencial de partida* del ente panhispánico global cuya necesidad postulamos, y que denominaremos tentativamente, por su alto valor descriptivo, Comunidad de Países de Lengua Española.

Dar por bueno, estimular y apoyar —y, en lo que quepa, emular— el trabajo independiente y de calidad hecho por ASALE referente a gramática, ortografía y léxico[148]. Este trabajo, dado que abarca efectivamente a todo el orbe hispánico, asegura tanto la *unidad* imprescindible para nuestra cohesión e intercompresión, como la *diversidad* necesaria para la evolución e identidad. Que cada quien hable español desde su acento, sí, pero que todos seamos capaces de entendernos es el desiderátum. Es muchísimo lo que está en juego en este equilibrio.

148 Tal como se indica en el cibersitio de la RAE: «La política lingüística panhispánica tomó un nuevo rumbo en 1999, con la publicación de la *Ortografía*, revisada conjuntamente por vez primera por todas las academias, tal como se advierte en la propia cubierta del libro. Esta colaboración se ha incrementado especialmente en la primera década del siglo XXI, con la aparición de obras como el *Diccionario panhispánico de dudas*, el *Diccionario del estudiante*, la *Nueva gramática de la lengua española*, el *Diccionario de americanismos*, la *Ortografía de la lengua española*, *El buen uso del español* y el *Diccionario de la lengua española*, todas ellas con un marcado carácter panhispánico». Consultado en https://www.rae.es/la-institucion/politica-panhispanica.

Coordinar los esfuerzos educativos tendentes a la posesión plena de la lengua por parte de cada hispanohablante. Nuestros hablantes deben poseer una adecuada comprensión de lectura, capacidad de escribir y diversos registros del habla para poder discernir, expresarse, adaptarse y agregar valor: de lo contrario, serán masa pobre y domesticada; y nuestros países, irrelevantes. Se impone entonces compartir experiencias, coordinar programas, afectar recursos en pos de este fin y tener capacidad de medir resultados. Estimo que, en este sentido, la enseñanza de literatura en español —con abordaje panhispánico— es un recurso precioso para hacer caer en cuenta al estudiante del cuerpo grande y único que somos, capaz de magníficas obras, a la par que lo pone en contacto con los usos más plenos de la lengua.

Administrar un banco de datos terminológicos panhispánico para los vocabularios especializados, lo más exhaustivo posible, ya que cualquier tarea debe ser abordable desde nuestro propio idioma. La lengua debe ser capaz de abordar cualquier tema, incluso los más especializados, con un vocabulario consensuado. Aunque el español está muy bien equipado en lo que a léxico de uso corriente se refiere[149], existe cierto rezago en terminología científica y tecnológica, plenamente subsanable mediante probadas estrategias, las cuales deberían implementarse a través de un Centro Panhispánico de Gestión Terminológica aprovechando la inteligencia artificial para facilitar el proceso.

Equipar tecnológicamente la lengua española para mantener su relevancia. Ello implica estar al día en lo referido al procesamiento del lenguaje natural (PLN) y la inteligencia artificial (IA) a fin de

149 Cabe aquí mencionar al *Diccionario de la lengua española*, DLE, «resultado de la colaboración de todas las academias [el DRAE ya no existe, ahora el diccionario es panhispánico], cuyo propósito es recoger el léxico general utilizado en España y en los países hispánicos» (https://dle.rae.es/), al *Diccionario de americanismos*, «repertorio léxico que pretende recoger todas las palabras propias del español de América» (https://www.asale.org/damer/) y al ya mencionado trabajo de Fundéu que pone al día al habla general y asesora sobre ella en contextos de actualidad (https://www.fundeu.es/).

permitir la interacción fluida con todo tipo de dispositivos imprescindibles en la actualidad. Particular atención debe prestarse al hecho de que hoy el control del PLN y la IA en español reside principalmente en empresas estadounidenses, lo que plantea riesgos lingüísticos y políticos que deben y pueden ser abordados con éxito solo a escala panhispánica. Cabe mencionar la importancia de establecer pactos estratégicos a esa escala con las grandes corporaciones tecnológicas para garantizar que la digitalización del español se mantenga y no lo empobrezca, respete su diversidad y preserve la soberanía digital de los países hispanohablantes. Y a ese mismo nivel implementar políticas públicas que impulsen la investigación y el desarrollo en PLN e IA, la mejora de la educación tecnológica y la creación de consorcios para proyectos conjuntos.

Garantizar el uso del español para todos y en todos los ámbitos en todos los países hispanohablantes es imprescindible. Nuestra lengua, oficial en 21 países, enfrenta desafíos a su pleno uso a pesar de las garantías legales e incluso constitucionales. En algunos contextos, el inglés predomina; en otros el problema radica en prejuicios, falta de educación o en una cooficialidad mal entendida, como en Cataluña, donde el español en realidad sufre un intento de desplazamiento. Es crucial garantizar el derecho de los hispanohablantes a usar el español en todos los ámbitos en sus países: es otra forma de defensa del territorio simbólico que nos une.

Garantizar al máximo el uso del español en relaciones fuera de nuestras fronteras. La comunicación por parte de un hispanohablante nativo en una lengua extranjera afecta negativamente la fluidez y la comprensión en negociaciones internacionales y, por ende, los resultados obtenidos. Mejor hablar la propia. Por otra parte, es preciso el uso del idioma en ámbitos de prestigio: aumenta su valor y atractivo, fortalece su posición global como megalengua. Por ende, es clave que el español tenga presencia plena en organismos internacionales y sea reconocido en ellos como lengua de trabajo y que, además, como ya hemos señalado, su desarrollo tecnológico sea pleno para poder sacar el máximo provecho de la traducción e interpretación automáticas.

Una vez cumplidos los objetivos anteriores, sobre la sólida base de la roca lingüística común afianzada, el organismo panhispánico por el cual abogamos debería abocarse a *desmontar sostenida y progresivamente, en todos los ámbitos, los obstáculos a nuestros intercambios.* La tarea es vital: la intensificación de los intercambios entre hispanohablantes es la base eficaz del tránsito de un cuerpo histórico-cultural inmenso y débil a otro capaz de articularse y aprovechar a plenitud sus escalas en defensa de intereses comunes y concretos, conducentes a más soberanía, libertad, prosperidad, relevancia y orgullo.

El advenimiento de dicho organismo dependerá de la intensificación de la tercera y cuarta olas de la rebelión hispanista: desde el ciberespacio, los niveles de intercambios interhispánicos de todo tipo y la organización de aquellos que usan conscientemente las redes para impulsar un proceso centrípeto panhispánico serán de tal magnitud que nuestras élites habrán de abandonar su estrategia adaptativa subordinante y pasar a una que altere el juego de poder mundial y nos ponga de nuevo a coescribir la historia. Nunca antes metas tan ambiciosas habían sido tan factibles. Nunca antes el horizonte panhispánico había sido tan necesario: el abandono de las canoas para pasar a una gran embarcación es la condición de nuestra continuidad histórico-cultural.

La ciberhispanidad política: aceleración centrípeta

INTERNET ES LA PATRIA

Corre el año 2016. Me hallo en la Universidad Simón Bolívar, en Caracas. La tarde es luminosa; la brisa, fresca. Estoy dictando un curso de mi invención: Lengua, ciudadanía y nación hispanohablante. Tengo delante de mí alrededor de veinte estudiantes. Es mi costumbre, antes de entrar en materia, lanzar unas preguntas al aire para calentar motores. Brota la siguiente: «En caso de riesgo extremo para el país... ¿alguno de ustedes estaría dispuesto a dar la vida por Venezuela?». Irrumpe el silencio. Mis alumnos, con cierto embarazo, se miran mutuamente. Dejo transcurrir unos largos treinta segundos. Genuinamente sorprendido, digo: «¿Nadie?». Nadie. Encadeno entonces una serie de preguntas para determinar si hay algo que los llevaría a sacrificar la vida. Interrogo sobre ideales de todo tipo y sobre la salvaguarda de cuestiones muy concretas. Nada. Al fin pregunto por las personas que los criaron en cuyas casas casi todos viven. ¿Serían ellos acreedores del sacrificio mayor? Sí, ellos sí. ¿Y la familia cercana? ¿Los tíos, los primos hermanos? Como que no, admiten con cierta incomodidad. Dilucidado esto, pronuncio otra pregunta: «¿Qué tendría que ocurrir en Venezuela para que ustedes, sin dudarlo, la abandonasen?». La respuesta, que me sorprendió totalmente, no se hizo esperar y fue unánime: «¡Que nos corten internet!». Y me pregunto… ¿Es el ciberespacio la verdadera patria de los nativos digitales? ¿Se desplegará allí lo esencial de sus vidas? ¿Dejaremos pronto de buscar la adaptación del universo virtual a parámetros del mundo real para hacer lo contrario, dado que el primero se habrá tornado nuestro primer marco referencial? Nada de esto me parece improbable cuando veo los cuellos inclinados hacia las pantallas en el metro, en un consultorio, en peatones, en el público de cualquier tipo de evento.

EL MÓVIL (O CELULAR): PALPITANTE ÓRGANO VITAL

Corre el otoño del 2022. La noche era fría y lluviosa en Sevilla. Nunca la había pisado antes. Acababa de llegar. En media hora tenía una cita importante con colegas profesores en un restaurante a orillas del Guadalquivir. Dejé las maletas en mi habitación de hotel y salí disparado al encuentro. Ya en el Uber, me di cuenta de que mi teléfono se estaba quedando sin batería. Buscando ahorrar algo de energía, lo apagué. Comenzaba la aventura… El Uber me dejó lejos del restaurante: solo se podía acceder al local a pie. Bajo la lluvia, tratando de sostener el paraguas con mi cuello, intenté encender mi móvil, pero nada. Los nervios por la batería baja me bloqueaban la secuencia del PIN. Ahí estaba yo, empapándome, sin GPS, en una ciudad que no conocía. Tuve que orientarme a la antigua —es decir, preguntando a seres humanos— lo cual fue una pesadilla a esas horas y en ese lugar: apenas había gente por la calle y marchaban de prisa, buscando pronto resguardo. Finalmente, llegué al restaurante. Vi a mis colegas y, casi sin aliento, les pregunté si tenían un cargador. Nada. Pregunté a otras personas. Tampoco. Incluso si recordara el PIN —pensé— la batería se agotaría en minutos. Estaba agitado. Después de una hora, la idea de regresar tarde y perderme en una ciudad desconocida me hizo sudar frío. Le rogué a uno de mis colegas que me pidiera un Uber y lo pagara por mí, dadas las circunstancias. Por suerte, recordaba el nombre del hotel. Al llegar, conecté inmediatamente mi teléfono a la corriente. Minutos después, intenté introducir el PIN de la tarjeta SIM otra vez. ¡Error! Tercer y último intento. El teléfono que me conectaba al mundo estaba bloqueado. Creí desfallecer. No había avisado a mi mujer que había llegado a la ciudad, no podía acceder a mis medios de pago, no… Traté de calmarme respirando profunda y pausadamente: nunca me falla. Y entonces, luminosa, apareció la solución. Extraje la tarjeta SIM y accedí al teléfono con la clave del mero aparato, que sí recordaba. Recuperé el directorio y el número de mi mujer, el cual, por supuesto, no marcaba nunca de memoria y, por lo tanto, no se hallaba en mi mente. En recepción me permitieron llamarla y pude orientarla hacia una gaveta donde halló el código PUK de ocho dígitos para desbloquear la tarjeta SIM. ¡Se restableció el equilibrio universal! Estaba reconectado con mi familia, mis amigos, mis cuentas bancarias, mis tarjetas, mis títulos de transporte, las noticias... todo. Me dispuse a dormir tranquilo… ¡pero el sueño no acudió de inmediato! Viendo desde mis mullidas almohadas el aparato que tanto me había ocupado sobre la mesita de noche, me di cuenta de forma rotunda y palpable de que el móvil se ha vuelto un palpitante órgano personal que nos conecta a una nueva, creciente e ineludible dimensión de la vida: la virtual.

EN EL CIBERESPACIO COMO EN CASA

Corre el año 2024 mientras escribo. Mi familia, antes concentrada en Caracas, se halla hoy dispersa entre Canadá, Francia, Estados Unidos, España y Venezuela. Los que nos hallamos fuera de Caracas —donde el ancho de banda e incluso la luz eléctrica fluctúan de manera inquietante—, nos vemos en pantallas cada vez más nítidas y el sonido es ya impecable: límpido, sin ecos, sin latencia. Nada nos impide, con todo realismo, soñar con el pronto advenimiento de la telepresencia holográfica: a través de la captura y transmisión de imágenes y movimientos en tiempo real, los Leáñez del mundo, representados por hologramas tridimensionales, nos veremos e interactuaremos como si estuviésemos en la misma habitación[150]. Y hay más: la investigación actual explora la posibilidad de incorporar el sentido del tacto a esta experiencia[151]. En efecto, a través de trajes hápticos[152], retroalimentación háptica y tecnologías como el ultrasonido, se simularán sensaciones táctiles: sentiremos abrazos, caricias, texturas, podremos incluso interactuar con objetos virtuales. Todo ello se sintetiza en el llamado metaverso[153] y está muy bien, pero por más que sea...

150 Ya existen empresas que ofrecen servicios de telepresencia holográfica para eventos y conferencias. Proporcionan proyección de imágenes holográficas de personas en tiempo real o pregrabadas en lugares como auditorios, escenarios de conferencias o eventos especiales. Entre estas empresas se encuentran ARHT Media, HoloPresence, Proto Hologram y Musion. Por ahora, debido a su costo y complejidad, más que a un uso personal cotidiano, se hallan orientadas a eventos corporativos, presentaciones en grandes escenarios o experiencias públicas. Ahora bien, es realista esperar que veamos soluciones de telepresencia holográfica más accesibles y para el uso personal en un plazo de 5 a 10 años.

151 En cuanto a la estimación de cuándo podríamos ver esta tecnología en acción, es probable que los primeros prototipos y demostraciones experimentales aparezcan en los próximos 3 a 5 años. Sin embargo, para que se convierta en una realidad cotidiana y accesible al público en general, es posible que tengamos que esperar entre 10 y 15 años, o incluso más. Empresas como Disney Research, Ultrahaptics y HaptX, junto con investigadores universitarios, están liderando el camino en el desarrollo de estas tecnologías.

152 Háptico se refiere a todo lo relacionado con el sentido del tacto. En el contexto tecnológico, se utiliza para describir dispositivos o sistemas que interactúan con el usuario a través del tacto, proporcionando sensaciones como presión, textura, vibración o temperatura. La tecnología háptica busca crear una experiencia más inmersiva y realista al añadir el sentido del tacto a la interacción con entornos virtuales o remotos.

153 El metaverso es un concepto que se refiere a un espacio virtual compartido que combina elementos de la realidad aumentada, la realidad virtual e internet. Se considera un universo digital donde las personas pueden interactuar entre sí y con entornos generados por computadora de manera inmersiva y en tiempo real. En el metaverso, los usuarios pueden crear avatares, participar en diversas actividades, explorar mundos virtuales, socializar, jugar, trabajar y realizar transacciones económicas a través de criptomonedas y bienes digitales. Este entorno busca replicar o expandir experiencias del mundo físico, fomentando la interacción social, la creatividad y la economía digital.

¡nada como estar juntos en persona! ¿Tendremos para ello siempre que movernos en un avión, atravesar aduanas, esperar maletas? Entra en escena la teletransportación. Por el momento, es una fantasía de ciencia ficción donde objetos y personas se desvanecen en un lugar para reaparecer instantáneamente en otro. En base al conocimiento actual de la física, es extremadamente improbable y presenta enormes desafíos teóricos y prácticos, pero no puede aseverarse rotundamente que la teletransportación de objetos o personas es completamente inconcebible o que nunca va a ocurrir.

AMPLIO ANCHO DE BANDA Y RAUDA VELOCIDAD: FACTORES INDISPENSABLES

En el horizonte del futuro inmediato, Internet y su creciente ancho de banda y velocidad se perfilan como los pilares fundamentales sobre los que se afianzará el mundo virtual, que ocupará cada vez más nuestra vida[154]. Aunque es difícil dar una estimación precisa, se espera que el ancho de banda disponible se duplicará en un plazo de 3 a 5 años[155]. A medida que la capacidad de transmisión de datos se expande, las barreras espacio-temporales se desdibujan, dando así paso a *un mundo virtual cada vez más*

154 La importancia del ancho de banda y la velocidad en Internet es crucial para el funcionamiento del metaverso, espacio clave de futuro, como hemos visto. Solo una conexión rápida y estable permite a los usuarios disfrutar de experiencias interactivas fluidas y de alta calidad, minimizando la latencia y los retrasos y, por lo tanto, de funcionar como paralelo del mundo físico. Esto es especialmente importante en entornos donde múltiples usuarios interactúan en tiempo real: una baja calidad de conexión afecta negativamente la experiencia, al ocasionar problemas como desincronización, pérdida de comunicación y dificultad para participar en actividades virtuales. Por lo tanto, el desarrollo del metaverso depende absolutamente de mejorar la infraestructura de Internet para garantizar accesibilidad y rendimiento óptimo.

155 Esta proyección se basa en el despliegue continuo de redes de fibra óptica, la expansión de la tecnología 5G y el desarrollo de futuras generaciones de redes móviles.

abarcador de todos los ámbitos, cada vez más inmersivo y similar al mundo físico, pero sin sus limitaciones inherentes: distancia, fronteras. La educación, el trabajo, el comercio, el entretenimiento y las relaciones personales se desarrollarán cada vez más en un espacio virtual global, donde la interacción será casi tan fluida y natural como en el mundo físico. En este nuevo escenario, las macrocomunidades lingüístico-culturales —entre ellas, la hispana— se convertirán en los referentes más amplios de identidad y pertenencia. En efecto, más allá de la macrocomunidad lingüístico-cultural se hallará solo la humanidad toda y habrá acceso a este nivel en virtud de la traducción e interpretación automáticas. Pero no pensamos que a nivel de la humanidad, dada su inmensa diversidad, será posible atender las necesidades específicas —y acuciantes— de identidad y pertenencia que solemos tener los humanos.

Ahora bien, ¿cuán instalados estamos los hispanohablantes en el ciberespacio y qué perspectivas se nos presentan en él?

El adecuado despliegue del ciberespacio requiere una velocidad y un ancho de banda adecuados y, entre los territorios hispanohablantes, solo España, Chile, Uruguay y Puerto Rico destacan por contar con servicios suficientes. Solo allí los usuarios tienen acceso sin interrupciones al *streaming* de alta definición, videoconferencias fluidas y descargas rápidas, lo que favorece tanto el teletrabajo como el entretenimiento y las reuniones familiares. En el grupo con servicios mediocres están Argentina, México, Colombia, Costa Rica, Panamá, Perú y Ecuador. Allí la calidad de Internet varía, con mejores conexiones en las áreas urbanas y problemas en las zonas rurales. Los usuarios pueden experimentar dificultades al realizar actividades que demandan más ancho de banda, como las videoconferencias, y tener problemas para transmitir contenido en alta definición. Por último, los países con servicios insuficientes incluyen Honduras, Nicaragua, El Salvador, Guatemala, Paraguay, Bolivia, República Dominicana, Cuba, Venezuela y Guinea Ecuatorial. Para los usuarios de estos países, los problemas son de talla: navegación lenta y serias dificultades para participar plenamente en el entorno digital contemporáneo.

Las deficiencias señaladas deben también ocuparnos a nivel panhispánico, so pena de dejar afuera o precariamente instaladas en el ciberterritorio, por falta de apalancamiento o escala, a regiones hispanohablantes significativas. Es fundamental la cooperación para crear plataformas de intercambio de conocimientos y experiencias entre países hispanohablantes, impulsar proyectos de infraestructura conjuntos como cables submarinos o redes satelitales, establecer fondos de cooperación para financiar proyectos en países con menos recursos, negociar con las empresas proveedoras de internet —o fundarlas— en función de un gran mercado panhispánico y no de los pequeños mercados nacionales presentes. Se impone la colaboración entre gobiernos hispanos coordinados, empresas y organismos internacionales para financiar y ejecutar los proyectos necesarios. Deben hallarse entre ellos el despliegue de fibra óptica hasta todos los hogares y negocios, incluso en zonas remotas. En áreas de difícil acceso, se deben explorar alternativas como tecnologías inalámbricas de última generación —5G y futuras—, la banda ancha fija inalámbrica e incluso soluciones satelitales[156]. Todas ellas ofrecen conectividad rápida y eficiente a menor costo en comparación con el despliegue de infraestructura terrestre tradicional. Asimismo, los proyectos deben contemplar la actualización y modernización de la infraestructura existente en zonas urbanas y suburbanas con servicio deficiente. En estos casos, se puede considerar el despliegue de fibra óptica adicional, la mejora de las redes de cable existentes

156 El 5G está diseñado principalmente para comunicaciones móviles: ofrece alta velocidad y capacidad a dispositivos en movimiento. La banda ancha fija inalámbrica se enfoca en proporcionar acceso a Internet de alta velocidad a ubicaciones fijas, como hogares y negocios. Por otro lado, una empresa como Starlink utiliza una constelación de satélites en órbita terrestre baja para brindar conectividad de banda ancha incluso en áreas remotas donde otras opciones son limitadas.

o la implementación de tecnologías inalámbricas de alta velocidad como 5G fijo[157].

No escapa a nuestra percepción, sin embargo, que, en el caso de regímenes autoritarios, existe la voluntad por parte del poder en mantener una infraestructura de Internet limitada y de baja calidad para controlar el flujo de información y restringir el acceso a noticias críticas o alternativas. Esta situación, además, dificulta la organización y movilización de grupos opositores: un Internet deficiente reduce la capacidad de comunicación necesaria para la acción colectiva. No por casualidad, Cuba ha presentado velocidades de conexión que rondan los 3,26 Mbps, lo que la coloca entre las más bajas de Hispanoamérica, mientras que Venezuela también ha sido reportada con velocidades bajas de alrededor de 4,47 Mbps.

FOTO GENERAL: EL CIBERESPACIO ESTÁ BIEN OCUPADO POR LA HISPANIDAD

Las carencias recién indicadas —por lo demás, plenamente subsanables— palidecen ante estas cifras que proporciona el Instituto Cervantes: el español «es la tercera lengua más empleada en este medio [internet] por número de usuarios. De los más de 5168 millones de usuarios que tenía internet en todo el mundo en febrero de 2022, el 7,9 % se comunicaba en español [...] el porcentaje de población [hispanohablante] que usa internet es del 70,4 %[158] [...] es la segunda lengua más utilizada en las principa-

157 El 5G fijo, también conocido como Fixed Wireless Access (FWA), utiliza la infraestructura de redes móviles 5G para proporcionar acceso a Internet de banda ancha a hogares y negocios. A diferencia del 5G móvil, el 5G fijo ofrece una conexión inalámbrica de alta velocidad a una ubicación fija.

158 La penetración de Internet entre francoparlantes, abarcando a quienes tienen el francés como lengua materna y segunda lengua, puede estimarse entre el 50 % y el 60 %. Esto se basa en altos niveles de acceso en Europa y América del Norte, contrastados con una brecha significativa en África, como refle-

les redes sociales del mundo (Facebook, Instagram, LinkedIn y Twitter [hoy X]) y en plataformas tan conocidas como YouTube, Netflix o Wikipedia» [159]. Por otra parte, cabe añadir que el hispanohablante que accede a internet lo hace alrededor de siete horas al día[160]. De lo citado queda claro que nuestra lengua ocupa un lugar preponderante en el ciberespacio mundial y, dado el porcentaje de usuarios, el tiempo pasado en línea y el despliegue en redes sociales y plataformas diversas, se hace evidente que el territorio virtual no es una quimera: *está siendo efectivamente ocupado.*

EL DESPLIEGUE DE LA CIBERHISPANIDAD POLÍTICA

La ocupación del territorio virtual tiene, lo hemos visto, una consecuencia directa: el espacio físico ya no aísla como antes. Consecuentemente, los Estados tampoco. En efecto, el ciberespacio, saltando toda frontera física, posibilita intercambios de escritos, sonidos e imágenes a una escala sin precedentes y en tiempo real. Es la nueva plaza pública, la nueva oficina, la nueva sala de estar de la familia. En este contexto, las megalenguas, como la nuestra, llevan mucha ventaja. Dadas sus inmensas escalas, es

jan los informes de la Organización Internacional de la Francofonía. Para los angloparlantes, puede estimarse que entre el 75 % y el 85 % tienen acceso a Internet, fundamentado en datos de países con tasas elevadas, como Estados Unidos, Reino Unido y Australia, y teniendo en cuenta la diversidad encontrada en África. Estas cifras provienen de análisis de tendencias generales sobre penetración de Internet, utilizando fuentes como la Unión Internacional de Telecomunicaciones.

159 Visto en https://cvc.cervantes.es/lengua/anuario/anuario_23/informes_ic/p05.htm.

160 El tiempo promedio que los hispanohablantes pasan en Internet puede variar según el país y la fuente, pero generalmente se estima que los usuarios de Internet en países de habla hispana pasan entre 6 y 8 horas diarias en línea. Este tiempo incluye actividades como el uso de redes sociales, trabajo remoto, entretenimiento y búsquedas de información. La estimación se basa principalmente en tendencias generales observadas en informes y estudios de uso de Internet de empresas de análisis de mercado como We Are Social y Hootsuite, que publican informes anuales.

posible desde ellas tomar iniciativas colectivas de alto impacto político global. El potencial que esto tiene para el universo hispanohablante es inconmensurable: de hallar causas comunes entre nosotros, podremos incidir en procesos globales como nunca antes. Pero no hemos descubierto todavía la ciberhispanidad política.

Hasta ahora hemos sobrevivido en modo archipiélago. Ello nos ha confinado a la subordinación. Pero hoy el archipiélago podría implicar una condena a muerte: los tiempos históricos se han acelerado en virtud de las nuevas tecnologías, el eje del poder se traslada a Asia, surgen fuerzas poderosas de nuevos contornos —nebulosas ideológicas, mafias, fundamentalismos, redes terroristas, OPNIS[161]— que se conciertan... ¡y nosotros pretendemos sobrevivir en canoas a un temporal oceánico! El tener la talla adecuada era una opción; hoy, es un imperativo. Esa talla ya la poseemos en el ciberespacio, mas no en el espacio físico. A fin de lograrla también en este, debemos aprovechar el absolutamente tangible factor ciberespacial panhispánico global y activarlo mediante causas transversales que persigan la aceleración y creación de dinámicas centrípetas, así como dejar claro a nuestras élites que serán removidas de no abrir decididamente la ventana que ve más allá de las fronteras nacionales actuales.

Cabe recordar aquí las sucesivas olas de la rebelión hispanista, ya tratadas en otra sección. La primera tiene como hito la publicación en octubre 2016 del ensayo *Imperiofobia y leyenda negra* de María Elvira Roca Barea y está signada por una demostración rigurosa de la falsedad de relatos inhabilitantes que se asumían como hechos. La segunda ola —cuyo hito es el documental *Hispanoamérica, canto de vida y esperanza*, de José Luis López-Linares, estrenado en abril de 2024— continúa demostrando, pero, además y más que todo, muestra, pone literalmente ante

161 Con este acrónimo defino a los objetos políticos no identificados, es decir, factores de poder cuyos contornos no aparecen todavía nítidos.

nuestros asombrados ojos, la riqueza común, insólitamente escamoteada. Se pasa, como dijimos, del montaje manipulado que hunde y deprime, a la narración veraz que exalta, estimula, lleva a una toma de conciencia y, en consecuencia, a nuevas actitudes. La tercera ola incide ya en la dinámica del poder y consiste en el aprovechamiento del trinomio: grandes masas + ciberterritorio + lengua española. Este aprovechamiento se da de manera espontánea e inconsciente cada vez que un hispanohablante establece un intercambio con otro que no vive dentro de las fronteras de su país, lo cual solía no ocurrir anteriormente. Cada vez hay más intercambios interhispánicos en tiempo real al alcance de cualquiera: este dato en sí mismo está transformando a la hispanidad, está haciendo que, de manera perfectamente tangible, tome conciencia de sí misma, de sus verdaderas dimensiones y posibilidades. Y corre esta ola paralela a las dos anteriores, que refuerzan el factor orgullo. Esto afianzará una demanda de tejido interhispánico, operará como un acelerador de procesos centrípetos. Ya esto ocurre claramente en el núcleo de la tercera ola, constituido por aquellos que hacen un aprovechamiento consciente del trinomio que nos ocupa para acelerar específicamente los mencionados procesos: difunden discursos, imágenes, músicas que nos ponen ante la potencia que fuimos y ante las posibilidades reales de un presente disminuido, abriendo, cada vez más, perspectivas de futuro pleno. Emblemático en este sentido resulta la asociación cultural Héroes de Cavite. ¿Qué pasará cuando este tipo de asociaciones logre federarse en función de objetivos panhispánicos? Esto apenas despunta[162] y podría configurar una acelera-

162 El llamado Protocolo de Santa Pola (https://protocolodesantapola.es/) es quizás un anuncio de lo que viene. «Desde hace años, se están produciendo cambios en el marco de los países hispanos. Surgen instituciones, asociaciones, diversos movimientos, incluso de carácter personal (generalmente desde la sociedad civil), que abogan por defender, impulsar y expandir el hispanismo [...] el objetivo de la creación del PROTOCOLO DE SANTA POLA no es otro que el de vertebrar todas estas iniciativas, dotándolas de interconexión, conocimiento mutuo y el soporte necesario para que, al igual

ción centrípeta sin precedentes, al realizar demandas articuladas, absolutamente masivas, de abajo hacia arriba muy susceptibles de trastocar la miope visión de los dirigentes.

UN ANTECEDENTE DE LUCHA PANHISPÁNICA EXITOSA: LA BATALLA POR LA Ñ[163]

Hoy nos parece normal encontrar en los teclados en español una tecla dedicada a la «ñ», esa «n» con penacho —llamado virgulilla— esencial en tantas palabras: compañero, sueño, montaña, señal, niño, señora, cañón, añoranza. Mi preferida: cariño. Hermosa, intraducible, evocadora de ternuras. Y en mi caso personal... ¡ostento la ñ en mis dos apellidos!

Pero estas consideraciones, que tienen que ver con la cultura, la identidad y los afectos, suelen —craso error— no hallarse entre los expedientes de burócratas y tecnócratas que administran una racionalidad homogeneizante en la búsqueda de óptimas escalas y eficiencia. Y cuando se ataca el corazón y la musculatura del agredido es potente, la reacción no se hace esperar y... hace retroceder al agresor.

Es lo que ocurrió en la década de los noventa del siglo pasado. Recapitulemos. En 1991, la predecesora de la Unión Europea —Comunidad Económica Europea (CEE)— propuso estandarizar los teclados de todo el continente. Ello implicaba la eliminación de la «ñ». Esta medida generó intensa controversia: la reglamentación española defendía la inclusión de todas las características del sistema gráfico del español... ¡y la gente toda

que en una fusión nuclear, se produzca una reacción en cadena de tal magnitud que sea imparable».

163 Un excelente resumen de este tema, con múltiples referencias, lo hallamos en: http://blog.pucp.edu.pe/blog/blogderedaccion/2016/06/14/la-controversia-de-la-n-en-los-teclados/

—todos los niveles sociales, todos los países hispanos—parecía no estar dispuesta a perder la n con penacho!

La CEE sostenía que mantener nuestra letra impedía acometer una supuesta necesidad de estandarización y simplificación en la producción de dispositivos tecnológicos. Se argumentaba que la homogeneización de los teclados facilitaría el diseño y la fabricación de productos, beneficiando así la competitividad de los fabricantes al crear un modelo único que fuera más fácil de producir y distribuir en todo el mercado europeo. También se sostenía que la presencia de la «ñ» otorgaba una ventaja competitiva injusta a los fabricantes españoles, violando el principio de libre circulación de mercancías y distorsionando el mercado único. Por último, se creía que eliminar caracteres que no son comunes en la mayoría de los idiomas europeos facilitaría la integración de España en la economía comunitaria, impulsando el comercio y la interoperabilidad de productos tecnológicos. Nada de lo anterior valió.

La reacción fue rápida, masiva y contundente, amén de respaldada por múltiples personalidades e instituciones en España e Hispanoamérica. La Real Academia Española lo calificó como «atentado grave contra la lengua oficial». Escritores como Gabriel García Márquez y Mario Vargas Llosa defendieron la importancia cultural de la «ñ». El primero subrayó que la letra representa un avance cultural y no debe ser considerada un simple símbolo comercial. Walsh advirtió sobre la pérdida de identidad que implicaría su eliminación. La propuesta fue interpretada básicamente como un intento de homogeneizar las lenguas europeas, poniendo en riesgo el patrimonio cultural. La reacción enfatizó que el principio de libre circulación no debería ser un pretexto para sacrificar tradiciones y costumbres que enriquecen el tejido social europeo, ya que la pluralidad cultural es uno de los pilares que sostiene la cohesión y la identidad de las naciones.

Tras un periodo de debate y protestas, el 23 de abril de 1993, el gobierno español promulgó un Real Decreto que anclaba la «ñ» en los teclados basándose en excepciones culturales. El éxito de esta lucha panhispánica es indisociable de la importancia cuantitativa —centenares de millones de hablantes, decenas de países— y cualitativa —literatura de rango mundial, lengua equipada— de la comunidad hispanohablante mundial que, *si actúa unida*, como ocurrió en este caso, dados los factores anotados, tiene enormes posibilidades de lograr lo que se proponga. Y resaltemos: este éxito fue posible a pesar de la falta de redes sociales y de acceso generalizado al correo electrónico. Hoy sería mucho más fácil y rápido.

La lección de este episodio para la hispanidad es que, si acometemos algo *juntos*, podemos enfrentar con muy probable éxito a los más poderosos y empezar nuestra salida de la periferia, nuestro retorno al centro. Por lo tanto, debemos buscar causas *panhispánicas* que nos permitan actuar *unidos*, para que, *al contemplar cómo vencemos gracias a la gran escala, tomemos nota del inmenso costo de oportunidad, de la deletérea debilidad que significa el modo archipiélago y comencemos a acelerar la demanda de procesos centrípetos a nuestros dirigentes…* que habrán de cambiar, so pena de ser cambiados.

Cápsulas recapitulativas

La civilización hispánica, con sus 500 millones de personas y rasgos culturales comunes —lengua española, historia, tradiciones católicas— constituye nuestro nivel óptimo de inserción en el mundo: suficientemente grande para pesar efectivamente, suficientemente específico para sentir una pertenencia orgánica. Debe hallar un proceso centrípeto.

***

La fragmentación de los hispanos se debe a relatos inhabilitantes que han persistido desde el siglo XIX y a una posmodernidad nihilista y gaseosa que dificulta el surgimiento de relatos vertebradores. Ello nos mantiene irresolutos, desatinados y dispersos.

Nuestra principal tarea es un intangible: la recuperación de la autoconfianza.

La rebelión hispanista es un movimiento espontáneo, independiente de factores estructurados de poder, que rompe el imperante clima de mentiras, omisiones y exageraciones que mantiene maniatado al gigante hispano.

La anagnórisis, momento de revelación, se da cuando el hispano descubre que le han contado mal la historia: no es mendigo, sino rey; no es sapo, sino príncipe; no es un patito feo, sino un cisne; no es un cordero, sino un león. Pasa así del resentimiento y la vergüenza al agradecimiento y el orgullo. Suelta el lastre que lo traba.

Grandes masas + ciberespacio + lengua española es el trinomio del poder hispano global. Su activación cabal depende de la superación de los relatos inhabilitantes.

***

En 1492 España acaba con el aislamiento de una porción de la humanidad: consuma el encuentro inexorable entre el bloque afroeuroasiático y el bloque americano.

España busca replicarse en América, crear nuevas Españas: mediante la evangelización, entrega a su Dios; mediante el mestizaje, entrega su sangre; mediante la fundación de ciudades, entrega su cultura, tecnología y productos.

Inglaterra busca la explotación de recursos y el comercio mercantil. Practica la segregación, el desplazamiento y, en muchos casos, el exterminio deliberado de la población nativa.

Portugal busca controlar las rutas marítimas y el comercio de especias. Establece puestos comerciales estratégicos en las costas de África, Asia y América. Somete a las poblaciones autóctonas a la esclavitud y al despojo de tierras.

***

El ser humano es un animal simbólico y la lengua hablada es su principal sistema de símbolos. En ella sueña, ama, proyecta, disfruta, organiza, odia, recuerda, sufre. Es su más cabal e inmediato territorio.

Los hispanos no habitamos el exiguo islote de cada uno de nuestros países, sino el inmenso continente de nuestra lengua.

Las lenguas no son códigos neutros e intercambiables, sino ordenaciones particulares del mundo que reflejan las necesidades, aficiones y tabúes de cada cultura e inclinan la percepción del mundo que tienen sus hablantes.

***

El hablante de español, a fin de poder agregar valor a la sociedad y desplegarse a plenitud como individuo, debe disfrutar de una escuela que le dé instrumentos para expresarse con adecuación al contexto, leer con comprensión y escribir con suficiencia.

***

Nuestra lengua, a fin de preservar su espíritu sin desfasarse, debe crear nuevas palabras para los nuevos fenómenos y adoptar el extranjerismo solo cuando sea estrictamente necesario.

Dado que todo hablante de español debe poder abordar cualquier fenómeno desde su lengua, los vocabularios especializados deben ser panhispánicos, exhaustivos y hallarse a disposición de los hablantes en bancos de datos accesibles y confiables.

***

Cualquier hispanohablante en territorio que posea nuestra lengua como oficial deberá tener garantizado el derecho a usarla en todos los ámbitos, muy particularmente el educativo, el laboral y el de sus relaciones con la administración pública.

***

La convergencia del procesamiento del lenguaje natural y la inteligencia artificial a escala mundial, gestionada hoy por apenas un puñado de grandes empresas estadounidenses, puede poner en riesgo la plenitud de la lengua y los datos de los ciudadanos, amén de sesgar el conocimiento.

La digitalización de la lengua debe ser plena, no solo para explotar cabalmente los beneficios de la inteligencia artificial en general, sino particularmente para tener acceso pleno a la traducción e interpretación automáticas: ellas proveerán la comunicación en tiempo real con los hablantes de todas las grandes lenguas de la humanidad. Es, por lo tanto, inminente el desplazamiento del inglés como lengua vehicular de la humanidad.

Al no ser necesario aprender inglés para comunicarse globalmente, los hablantes de grandes lenguas tendrán más tiempo para *dominar mejor y utilizar más a fondo y en todo ámbito* sus propios idiomas. Esto incrementará la capacidad de generar valor de los individuos y ampliará la participación de calidad de más comunidades en el diálogo global.

La enseñanza de lenguas extranjeras entrará en crisis: quedará reservada a los amantes de los idiomas o a aquellos que se muden a nuevos territorios de lengua diferente o a aquellos cuyas lenguas maternas no hayan sido digitalizadas. El estudio de la interculturalidad y del ámbito cultural de las grandes lenguas adquirirá mayor importancia.

***

Resultan vitales un buen ancho de banda y una buena velocidad en internet a fin de tener acceso idóneo al ciberespacio. Sin este acceso se pierden todos los beneficios de la digitalización y del espacio común. Se queda, de hecho, un tanto al margen de la hispanidad contemporánea.

Hay deficiencias en el acceso a internet en algunos países y en zonas rurales o suburbanas de países con ciudades bien servidas. Sin embargo, la consideración panorámica deja ver que nuestra lengua está, en términos relativos y absolutos, en un lugar preponderante en el ciberespacio mundial, dado el porcentaje de usuarios, el tiempo pasado en línea y el despliegue en redes sociales y plataformas diversas.

***

Resulta crucial nuestra presencia en español en todo el entramado institucional de todas las organizaciones internacionales y de todas las instancias en las que se ventile cualquier cuestión que nos concierna: negociar en lengua ajena plantea problemas cognitivos, culturales y de expresión que lesionan la defensa cabal de nuestros intereses. Por otra parte, posicionar nuestra lengua en todo ámbito es clave para su prestigio y consecuente difusión.

***

Toda lengua es digna y puede ser equipada para abordar cualquier reto. Ahora bien, esto implica costos y disponibilidad de recursos humanos que con mucha frecuencia no se hallan disponibles.

El preservar viva una lengua minoritaria es loable siempre que sean sus genuinos hablantes quienes así lo deseen. Ahora bien, en ocasiones el mantenimiento en vida de una lengua desfalleciente se da en función de agendas ideológicas portadas por ONG o universitarios o religiosos ajenos a los genuinos hablantes. En ocasiones estimulan separatismos.

La diversidad cultural efectiva florece mejor en un ambiente monolingüe de grandes escalas: las diferentes y múltiples subculturas interactúan sin trabas generando variedad y novedad. Al comunicarse directamente superan el aislamiento que puede darse entre comunidades separadas por barreras idiomáticas.

El derecho de los hablantes a abandonar una lengua en función de mayores oportunidades no debe ser estigmatizado: las lenguas pertenecen a los hablantes, no a la inversa.

El conviviente no hispanohablante, *siempre que auténticamente lo desee*, debe poder vivir una identidad de círculos concéntricos que le permita, según los contextos, más identidad y tradición —gracias a lenguas distintas y costumbres específicas— o más comunicación y oportunidades —gracias al español y a hábitos compartidos a gran escala—. Sin embargo, *jamás en desmedro de la unidad política o de la lengua vehicular.*

***

Es imperativo e impostergable crear una Comunidad de Países de Lengua Española, ente panhispánico de amplio espectro, para abordar conjuntamente, en una primera instancia, los aspectos lingüísticos señalados (terminología, procesamiento de lenguaje natural, inteligencia artificial, traducción e interpretación automáticas, políticas lingüísticas...) y luego aspectos culturales y geopolíticos.

La Comunidad de Países de Lengua Española debe ser una entidad con capacidad real de influencia y ejecución. Es decir, con personalidad jurídica y presupuesto propio, no una laxa federación de entes preexistentes. Debe tratarse de una entidad inclusiva de todos, no al servicio de un solo Estado ni de los solos Estados. Debe ser *permanente,* puesto que el seguimiento de los asuntos exige ir más allá de congresos periódicos. Y no debe abarcar otras lenguas, ya que el español es el factor cuya potenciación se persigue por ser el dispensador de los beneficios esperados.

Más del 90 % de los hispanohablantes se halla en América y lo óptimo sería que de ella viniese el impulso inicial a la Comunidad de Países de Lengua Española, pero no encuentro allí entes privados o públicos *organizados, poderosos y con amplia irradiación geográfica* que estén poniendo la cultura en español en el tope de sus prioridades. Mientras se equilibran las cargas hacia América —¿México?—, España debería ser la locomotora del ente señalado.

***

Debemos buscar causas panhispánicas que nos permitan actuar unidos en el ciberespacio. Al calibrar cómo vencemos gracias a la gran escala y mundial extensión, palparemos cabalmente el inmenso costo de oportunidad que implica nuestra actual dispersión y aceleraremos nuestros procesos de cohesión.

***

El gigante hispánico comienza a emerger de su letargo: dos siglos de desamparo y confusión tocan a su fin. Ha resistido, como un formidable titán, un largo y áspero invierno. Su impresionante capacidad de resistencia es testimonio de una fuerza extraordinaria, basada en profundas raíces, y una vigencia sorprendente. Se ha querido extirparlo, pero ahora renace y se reconstruye con energía, mientras los oficiantes del apocamiento y la disolución persisten en rituales cargados de desesperanza y confusión.

Destellan en el alma del gigante hispánico tres palabras: trascendencia, pertenencia, adaptabilidad. La trascendencia orienta, ennoblece, embrida. La pertenencia sitúa dentro de una comunidad potente y globalmente relevante, fuente de apoyo y orgullo. La adaptabilidad provee los parámetros idóneos a los tiempos y lugares específicos, asegurando una unidad respetuosa de la diversidad.

El despertar del gigante hispánico tiene el potencial de transformar o modificar las reglas del juego mundial. Puede retomar —o compartir— las riendas de un Occidente declinante, hoy bajo la impronta anglosajona, atrapado en un callejón, entre darwinista y posmoderno, que parece dirigirse hacia el fin de su ciclo.

La raíz hispánica, que se extiende desde España hasta América, constituye nuestro sustento esencial, el cimiento de nuestra identidad. Es imperativo valorar su inmensa riqueza y nutrirnos constantemente de ella. Redescubriremos allí los antiguos mapas y cartas de navegación, las brújulas y los sextantes que, en otro tiempo, nos guiaron por los océanos y las tierras de medio mundo. Armados con estas claves primordiales, debemos regresar a nuestro lugar en el siglo XXI y plantearnos: ¿cómo actualizamos esta esencia cargada de audacia, sabiduría y nobleza?

Durante tres siglos, los pueblos hispánicos compartimos un vasto hogar común jalonado de múltiples patios. Éramos una extensa familia unida. Esa magnitud y esa cohesión, cimentadas en sólidos y adaptados principios filosófico-político-religiosos, alimentaron una formidable potencia que se manifestó en todas las áreas de la actividad humana con una energía sin igual. El simple reconocimiento de este hecho nos inclina hacia la grandeza. Tal reorientación es urgente: la fragmentación es insostenible.

La historia se acelera: la pugna entre fuerzas colosales, visibles o no, deja tras de sí una estela de disminuidos, damnificados y desaparecidos. ¿Nos contaremos entre ellos? ¡Pero si juntos domamos una vez los vientos de la historia! Reabramos las puertas que hoy aíslan los patios de la gran casa hispánica, reavivemos allí el fuego de un hogar acogedor, poderoso e inspirador. Él infundirá en nosotros la fibra necesaria para enfrentar los desafiantes retos desde los lazos más profundos.

Conclusiones

El ciberespacio puentea la dispersión territorial y la división política.

***

La rebelión hispanista diluye la traba mental.

***

La enorme escala da el calado suficiente y requerido.

***

La lengua común da la comunicación.

***

La cultura e historia compartidas dan la fraternidad.

***

La unidad hispana es un horizonte factible y tangible.

***

Seremos de nuevo grandes.

***

Coescribiremos de nuevo la historia.

***

El futuro, sí, será hispano.

Epílogo[*]

Corre el año de 1942. Bajo un cielo encapotado, en las afueras de Berlín, el lago Wannsee aparenta quietud. Aguas oscuras, apenas rizadas por la brisa, reflejan una gélida luz. Una fina capa de hielo se aferra a la orilla. En medio de jardines blancos y desnudos, grandiosa, se yergue la villa. Uno a uno, rompiendo el silencio sobre el sendero de grava, llegan largos vehículos oficiales. Uno a uno, jerarcas nazis de uniforme o de traje trasponen el umbral de la villa y entran a una sala. Uno a uno, buscan sus puestos en torno a una larga mesa de caoba. Se cierran todas las puertas. Punto único de agenda: la industrialización de la muerte de seres humanos.

***

Corre el año de 1550. Bajo un cielo azul, el sol de Castilla cae sobre el Colegio de San Gregorio en Valladolid. El aire vibra con el verano y el murmullo de la ciudad. En una sala con techos abovedados, entre libros y pergaminos abiertos, entre mapas desplegados de un mundo por descifrar, hombres de sotana y toga se reúnen alrededor de una mesa imponente. La luz que se filtra por los ventanales góticos ilumina rostros concentrados, manos que gesticulan. Algunos murmuran entre sí, otros toman notas. En el centro, figuras se alzan defendiendo argumentos. Se está reforzando el testamento de Isabel la Católica: el indígena, el otro tan distinto, es también hijo de Dios.

* Nota del editor: El epílogo evoca dos acontecimientos históricos. En primer lugar, la Conferencia de Wannsee (1942), reunión secreta de la cúpula nazi, celebrada junto al lago Wannsee en Berlín, donde se coordinó la "Solución Final" (Endlösung), es decir, el plan para el exterminio sistemático de los judíos de Europa, máxima expresión de burocratización genocida. Por otro lado, el Debate de Valladolid (1550-1551) fue una controversia pública, principalmente en el Colegio de San Gregorio de Valladolid, que confrontó dos visiones sobre la naturaleza y los derechos de los indígenas. Es un hito en la historia de los derechos humanos y del derecho internacional por haber constituido un punto de inflexión clave en la articulación de la dignidad universal del ser humano.

Bibliografía

Achard, Pierre (1998). *La sociologie du langage*. París: Presses Universitaires de France.

Alonso, José Antonio et al. (2023). *Los futuros del español: Horizonte de una lengua internacional*. Madrid: Alianza Editorial.

Anderson, Benedict (2016). *Imagined Communities: Reflections on the Origin and Spread of Nationalism*. Londres: Verso Books.

Ávila, Raúl (1992). *Lengua y Cultura*. México, D. F: Editorial Trillas.

Bello, Andrés (1847). *Gramática de la lengua castellana destinada al uso de los americanos*. [www document]. URL http://www.cervantesvirtual.com/servlet/SirveObras/12145074229036051543435/p0000002.htm#I_15_. Consultado el 14/01/2025.

Briceño Guerrero, J. M. (1993). *El laberinto de los tres minotauros*. Caracas: Monte Ávila Editores Latinoamericana.

Bueno, Gustavo. (1999). *España frente a Europa*. Madrid: Temas de Hoy.

Bueno, Gustavo. (2005). *España no es un mito*. Madrid: Temas de Hoy.

Cadenas, Rafael (1997). *En torno al lenguaje*. Caracas: Monte Ávila Editores.

Calvet, Louis-Jean y Varela Lía. «XXIe siècle: le crépuscule des langues? Critique du discours Politico-Linguistiquement Correct». *Estudios de Sociolingüística* 1,2 (2000) : pp. 47-64.

Calvet, Louis-Jean. (2017). *Les politiques linguistiques*. París: PUF

Canova González, A., Leáñez Aristimuño, C., Graterol Stefanelli, G., Herrera Orellana, L., Matheus Hidalgo, M. (2014). *La neolengua del poder en Venezuela*. Caracas: Editorial Galipán.

Calvet, Louis-Jean. (2017). *Les langues : quel avenir ?* París: CNRS Éditions.

Carbia, Rómulo (2004) . *Historia de la leyenda negra hispano-americana.* Madrid: Fundación Carolina.

Cardelús, Borja (2018). *La civilización hispánica.* Madrid: EDAF.

Colombres, Adolfo (2004). *América como civilización emergente.* Buenos Aires: Editorial Sudamericana.

Cooper, Robert (1989). *Language Planning and Social Change.* Cambridge: Cambridge University Press.

Coupland, Nikolas (2013). *The Handbook of Language and Globalization.* West Sussex: Wiley-Blackwell.

Crystal, David (1997). *English as a global language.* Cambridge: Cambridge University Press.

Crystal, D. (2000). *Language Death.* Cambridge: Cambridge University Press.

De Swaan, Abram. «The emergent World Language System: An Introduction». *International Political Science Review* 14, 3 (1993): pp. 219-226

De Swaan, Abram. (2001). *Words of the World: The Global Language System.* Cambridge: Polity Press.

De Swaan, Abram. (2004), «Endangered languages, sociolinguistics, and linguistic sentimentalism», *European Review*, 12, pp. 567-580.

Del Valle, José y Stheeman, Luis Gabriel (eds.) (2004). *La batalla del idioma.* Madrid, Frankfurt am Main: Iberoamericana, Vervuert.

Del Valle, J. (ed.) (2007). *La lengua, ¿patria común?* Madrid, Frankfurt am Main: Iberoamericana, Vervuert.

Del Valle, J. (ed.) (2015) *Historia política del español.* Madrid: Editorial Aluvión

Deutscher, G. (2010). *Through the language glass.* Nueva York: Metropolitan Books.

Dewitte, Jacques (2007) *Le pouvoir de la langue et la liberté de l'esprit.* París: Éditions Michalon.

Dixon, R.M.W. (1997). *The rise and fall of languages.* Cambridge: Cambridge University Press.

Escoriza Morera, Luis (2008). *Comentarios de política y planificación lingüísticas.* Madrid: Arco.

Esparza, José Javier (2015). *La cruzada del Océano*. Madrid: La Esfera de los Libros.

Fernández Valdés, David (2024). *Jaque mate a la leyenda negra: manual de guerrilla cultural*. Wroclaw: Amazon Fulfillment.

Fernández Vítores, David (2024). *Panhispania: Visita guiada por un país que nunca existió*. Madrid: Los libros de la catarata.

Fuentes, Carlos (2013). *El espejo enterrado*. Pamplona: Editorial Leer-e.

García Delgado, J. L. (2019). «El valor económico del español», *Revista de Occidente*, 463, pp. 23-31.

Graddol, David (1997). *The Future of English*. Londres: The British Council.

Granés, Carlos (2022). *Delirio Americano*. Madrid: Taurus.

Grijelmo, Álex. (1998). *Defensa apasionada del idioma español*. Madrid: Taurus.

Gullo, Marcelo (2008). *La insubordinación fundante. Breve historia de la construcción del poder de las naciones*. Buenos Aires: Biblos.

Gullo, Marcelo. (2021). *Madre Patria*. Barcelona: Espasa.

Gullo, Marcelo (2022). *Nada por lo que pedir perdón*. Barcelona: Espasa.

Gullo Marcelo (2023). *Lo que América le debe a España*. Barcelona: Espasa.

Hagège, Claude (2000). *Halte à la mort des langues*. París: Éditions Odile Jacob.

Hamel, Rainer (2004). *Las cuatro fronteras de la identidad lingüística del español: lengua dominante y dominada, lengua fronteriza y lengua internacional* [WWW document] URL http://congresosdelalengua.es/rosario/mesas/hamel_r.htm . Consultado el 15 de mayo de 2008.

Henche, Julio José. *Las leyes de Indias*. Almería: Editorial Círculo Rojo.

Huntington, Samuel P (1997). *El choque de las civilizaciones y la reconfiguración del orden mundial*. Barcelona: Paidós.

Ibáñez, Alberto G. (2018). *La leyenda negra: historia del odio a España*. Córdoba: Editorial Almuzara.

Ibáñez, Alberto G. (2020). *La guerra cultural*. Córdoba: Editorial Almuzara.

Ibáñez, Alberto G. (2020). «Nationalism and right to secession: New states, identities and global security», *Review of Nationalities*, 10, pp. 1-12.

Ibáñez, Alberto G. (2023). *El Sacro Imperio Romano Germánico*. Córdoba: Editorial Sekotia.

Instituto Cervantes (2016). *El español en el mundo*. Madrid: Instituto Cervantes.

Instituto Cervantes (2018). *El español en el mundo*. Madrid: Instituto Cervantes.

Instituto Cervantes (2021). *El español, una lengua viva. Informe 2021*. Madrid: Instituto Cervantes.

Joseph, John E. (2004). *Language and Identity*. Nueva York: Palgrave.

Klinkenberg, Jean-Marie M. (2001). *La langue et le citoyen*. París: Presses Universitaires de France.

Lamo de Espinosa, E. (coord.) (2021). *La disputa del pasado*. Madrid: Turner.

Leáñez, Carlos (2002). Español, francés, portugués: ¿equipamiento o merma? [WWW document]. URL http://www.unilat.org/dtil/cong_com_esp/comunicaciones_es/leanez.htm . Consultado el 31/12/2004.

Leáñez, Carlos. «La lengua: clave de inclusión y soberanía». Papel Literario de *El Nacional* 16/10 (2004): 1.

Lodares, Juan Ramón (2001). *Gente de Cervantes*. Barcelona: Penguin Random House.

Lodares, Juan Ramón. (2005). *El porvenir del español*. Madrid: Taurus.

López-Linares, José Luis. *Hispanoamérica, canto de vida y esperanza*. Barcelona: Penguin Random House.

López Morales, Humberto (2010). *La andadura del español por el mundo*. Madrid: Taurus.

Loubier, Christiane (2006). *Contribution à une théorie de l'aménagement linguistique*. Tesis doctoral presentada en la Université Laval, Quebec.

Loubier, Christiane (2008). *Langues au pouvoir*. París: L'Harmattan.

Madrid Casado, Carlos M. (2024). *Filosofía de la inteligencia artificial*. Oviedo: Pentalfa Ediciones.

Mannoni, Pierre (2006). *Les représentations sociales*. París: Presses Universitaires de France.

Mar-Molinero, Clare (2000). *The Politics of Language in the Spanish-Speaking World*. Londres: Routledge.

Martí, José (1983). *Nuestra América*. Caracas: Biblioteca Ayacucho.

Maurais, Jacques y Morris, Michael A. (eds.) (2003). *Languages in a globalising world*. Cambridge: Cambridge University Press.

Millán, José Antonio (2001). *Internet y el español*. Madrid: Fundación Retevisión.

Moreau, Marie-Louise (ed.) (1997). Sociolinguistique. Sprimont: Mardaga.

Moreno Cabrera, Juan Carlos (2000). *La dignidad e igualdad de las lenguas*. Madrid: Alianza Editorial.

Moreno Cabrera, J. C. (2015). *Los dominios del español*. Madrid: Editorial Síntesis.

Mosonyi, Esteban Emilio (2003). *Situación de las lenguas indígenas de Venezuela*. Caracas: Casa Nacional de las Letras Andrés Bello.

Muñoz Machado, S. (2017). *Hablamos la misma lengua*. Barcelona: Editorial Planeta.

Otero, Jaime y Varela, Lía (2005). *Hacia una política lingüística iberoamericana*. [WWW document] URL http://www.realinstitutoelcano.org/wps/portal/rielcano/contenido?WCM_GLOBAL_CONTEXT=/Elcano_es/Zonas_es/Lengua+y+Cultura/ARI+145-2005 . Consultado el 15 de mayo de 2008.

Páez Urdaneta, Iraset (1984). *La lengua nuestra de cada día*. Caracas: Academia Nacional de la Historia.

Pérez, Francisco Javier. (2019). «Ideas para una teoría del panhispanismo lingüístico», en J.M. Merino y A. Grijelmo (eds.), *Más de 55 millones de personas podemos leer este libro sin traducción*. Barcelona: Taurus, pp. 149-164.

Pérez Vejo, Tomás (2010) . *Elegía criolla*. México: Grupo Planeta.

Prado, D. (2004) «¿Está preparado el español para la comunicación especializada?», en R. Sequera (ed.), *Ciencia, Tecnología y Lengua Española: La terminología científica en español*. Madrid: Fundación Española para la Ciencia y la Tecnología, pp. 24-42.

Ramos, Jorge Abelardo (2011). *Historia de la nación latinoamericana*. Buenos Aires: Ediciones Continente.

Rangel, Carlos (1976). *Del buen salvaje al buen revolucionario*. Caracas: Monte Ávila Editores.

Real Academia Española (2020). *Crónica de la lengua española 2020*. Barcelona: Editorial Planeta.

Ricento, Thomas (ed.) (2006). *An Introduction to Language Policy*. Victoria: Backwell.

Rodríguez, Gonzalo (2022). *Hispanofilia. España frente a su destino*. Córdoba: Libros en el Bolsillo.

Rodríguez Iturbe, José (2022). Bolívar y la gestación de la patria criolla. Caracas: Editorial Alfa.

Roca Barea, María Elvira. (2016). *Imperiofobia y leyenda negra*. Madrid: Ediciones Siruela.

Roca Barea, María Elvira (2019). *Fracasología*. Barcelona: Espasa.

Rosenblat, Ángel (1990). *Biblioteca Ángel Rosenblat*, Tomo III. Caracas: Monte Ávila Editores.

Rossillon, Philippe (1983). *Un Milliard de latins en l'an 2000. Étude de démographie linguistique sur la situation présente et l'avenir des langues latines*. París: L'Harmattan.

Rubio Donzé, Javier (2023) *España contra su leyenda negra*. Madrid: La esfera de los libros.

Salinas, Pedro (2002). *El defensor*. Madrid: Alianza Editorial.

Spolsky, Bernard (2004). *Language Policy*. Cambridge: Cambrige University Press.

Torres, Ana Teresa (2009). *La herencia de la tribu*. Caracas: Editorial Alfa.

Thual, François (2002). *La planète émiettée*. París: Arléa.

Thual, François (2006). *Abrégé géopolitique de l'Amérique Latine*. París: Ellipses.

Varela, L. (2006). *La politique linguistique extérieure de la France et ses effets en Argentine*. Tesis doctoral presentada en la École des Hautes Études en Sciences Sociales, París.

Viso, Ángel Bernardo (1982). *Venezuela : identidad y ruptura*. Caracas: Alfadil Ediciones, S.A.

Wallerstein, Inmanuel (2004). *Comprendre le monde*. París: La Découverte.

Wallraf, Barbara. «What global language». *The Atlantic Monthly* 286: 5 (2.000): pp. 52-66.

Warnier, Jean-Pierre (1999). *La mondialisation de la culture*. París: La Découverte.

Weber, George. «Top Languages». *Language Today*. Diciembre (1997): 12-18.

Wright, Sue (2004). *Language policy and language planning.* Houndmills: Palgrave Macmillan.

Zea, Leopoldo (ed.) (1986). *América Latina en sus ideas.* México: Siglo XXI Editores.

Zunzunegui, Juan Miguel (2020). *Hernán Cortés.* México: Penguin Random House.

ANEXO
Lengua para la libertad y libertad para la lengua en Venezuela

—Cuando uso una palabra —dijo Humpty Dumpty en un tono más bien desdeñoso— significa lo que escojo que signifique, ni más ni menos.
—La cuestión es —insistió Alicia— si se puede hacer que las palabras puedan decir tantas cosas diferentes.
—La cuestión es —dijo Humpty Dumpty— saber quién es el que manda...
eso es todo.

Alicia en el País de las Maravillas

Los límites de mi lenguaje son los límites de mi mundo.

Ludwig Wittgenstein

[...] la experiencia social, en Venezuela está tomada por el mito desde hace años. La manera en que socialmente, políticamente, nos contamos lo que pasa, se parece más a las formas mitológicas que a las narrativas racionales [...]. También se podría decir que lo que ya no importa es la verdad o, peor aún, el acuerdo básico acerca de qué puede ser considerado verdad.

Colette Capriles

[...] la Revolución Bolivariana avanza consolidando la hegemonía y el control de la orientación política, social, económica y cultural de la nación...

Plan de la Patria de la República Bolivariana de Venezuela

ÍNDICE

NOTA INTRODUCTORIA DE 2025 A UN ENSAYO DE 2014[1]

En las secciones que anteceden a este anexo hemos sostenido que la lengua española es el territorio inmediato, cotidiano y común de todos los hispanos, amén de soporte constitutivo de sus realizaciones. Por lo tanto, si queremos nuestro pleno despliegue, es fundamental tanto mantenerla perfectamente equipada como que se halle en plena posesión de sus hablantes. Esto último suele no ocurrir cabalmente. A fuego lento, la escuela va siendo descuidada y el hablante, por lo tanto, va siendo insuficiente. Pero en el caso venezolano la lengua ha decaído abrupta y rápidamente. Y no por descuido, dejadez o incapacidad, *sino por diseño político.*

Vale la pena detenerse en el «caso Venezuela». En una escala de transmisión de la lengua que fuese desde «plena» hasta «nula», encontraríamos a casi todos nuestros países en torno al indicador «mediocre». Y mediocre va siendo nuestro desempeño general. En el caso de Venezuela la encontraríamos en «pésima». Y pésimo viene siendo el desempeño venezolano.

---

1 Han pasado casi once años desde la publicación de este ensayo y, en su relectura, dos cosas me han sorprendido: la primera, su vigencia neta en lo que se refiere a cómo el poder chavista ha hecho de la destrucción de la lengua un pilar esencial de su permanencia; la segunda, cómo mi pensamiento ha evolucionado de una postura claramente liberal entonces a una integradora de la tradición y de las especificidades de los pueblos ahora. Sin embargo, decidí mantenerlo inalterado. Publicado originalmente en Caracas en el marco de un libro de ensayos cuyos datos completos son: Canova González, A., Leáñez Aristimuño, C., Graterol Stefanelli, G., Herrera Orellana, L., Matheus Hidalgo, M. (2024). *La neolengua del poder en Venezuel*a. Caracas: Editorial Galipán. Agradecemos a la mencionada editorial su autorización y beneplácito para la republicación en este contexto.

Conviene la lectura del estudio «Lengua para la libertad y libertad para la lengua en Venezuela» para palpar, desde un caso extremo, cómo la degradación de un idioma puede envilecer a un país y así entender muy concretamente que hay que asumir la vía opuesta: el robustecimiento y defensa del español, palanca *sine qua non* de una hispanidad plena.

Tenerife, 2 de febrero de 2025

INTRODUCCIÓN

Así como una computadora es un mero volumen inerte sin su sistema operativo, el hombre es mera biología sin la lengua. Es ella la que ordena el caos de la realidad en categorías y nos permite entenderla, comunicarla, transformarla. Por lo tanto, todo poder se interesa en manipularla en función de sus fines: puede así generar realces, supresiones, deformaciones, atenuaciones y disminuciones susceptibles de incidir en las conductas de otros, empujándolos al consumo de bienes, a la adhesión a creencias, a la lucha por ideas. Ello no ha de escandalizarnos. En una sociedad plural y democrática —al menos en teoría— el ciudadano se halla suficientemente educado como para discernir la manipulación y, además, los focos de poder que solicitan sus favores son múltiples: puede cotejar y escoger. Ahora bien, mientras peor funcione la educación y menos focos de poder existan, se amplían las posibilidades de manipular la lengua en beneficio de una visión única y cada vez menos rebatible de todos los aspectos de la vida. El ciudadano, quebrado cognitivamente y sometido a una fuente única de mensajes, deviene esclavo o incluso fanático listo para suprimir al otro.

En la Venezuela actual, una ideología pretende controlarlo todo: desde los precios de las cosas hasta el sentido de la historia y de la propia vida de los individuos. Se trata del llamado «socialismo del siglo XXI». A fin de consolidarlo en profundidad, sus agentes se han apoderado del Estado nacional en todas sus instancias, gracias a lo cual disponen de los instrumentos necesarios para montar la «hegemonía comunicacional»[2], es decir, la gradual eliminación de todo foco de comunicación alternativo, el socavamiento incluso de toda posibilidad de concebir un relato distinto al del poder. Esta toma del Estado les permite intervenir la lengua y montar sobre ella relatos de guerra o resistencia «antiimperialista»[3] capaces de dar pleno sentido al colectivo e incluso al individuo. En una secuencia ideal, se trata de ir de la toma del Estado a la conquista de la sociedad y de los individuos, procediendo a la inhabilitación cognitiva de estos gracias a una lengua degradada

2 La expresión la introdujo al debate político venezolano Andrés Izarra, para entonces director de Telesur, en 2007. En una entrevista a *El Nacional* indica: «Para el nuevo panorama estratégico que se plantea, la lucha que cae en el campo ideológico tiene que ver con una batalla de ideas por el corazón y la mente de la gente. Hay que elaborar un nuevo plan, y el que nosotros proponemos es que sea hacia la hegemonía comunicacional e informativa del Estado [...] Nosotros tenemos que hacer que el pensamiento y los valores socialistas de lo colectivo, lo solidario, lo social predominen como valores sobre los del capitalismo [...] Nosotros hacemos una propuesta de que sean (*sic*) una serie de medidas en varios ámbitos para construir la hegemonía comunicacional e informativa que permita la batalla ideológica y cultural para impulsar el socialismo». La entrevista completa se halla en: http://venezuelareal.zoomblog.com/archivo/2007/01/08/entrevista-Andres-Izarra-considera-que.html. Consultada el 29/08/2014.

3 El proceso chavista asume a plenitud este carácter en 2004. En efecto, ese año Chávez plantea: «[...] la Revolución Bolivariana después de cinco años y tres meses y un poco más de gobierno, y después de haber pasado por varias etapas, ha entrado en la etapa antiimperialista, esta es una revolución antiimperialista y eso la llena de un contenido especial que nos obliga, sí, que nos obliga al pensamiento claro y a la acción no solo en Venezuela sino en el mundo entero [...] Tenemos al frente de nuevo al viejo imperialismo asesino, masacrador de pueblos, que ahora ha dejado a un lado las recomendaciones de los tecnócratas y las propuestas de libre comercio, y de respeto a los dictados de las Naciones Unidas, y de respeto al Derecho Internacional, y sencillamente se nos presenta de nuevo al frente tal cual es: asesino, invasor [...] Que comience pues desde hoy mismo la organización popular y militar para la resistencia, para la defensa del país porque esta Revolución seguirá avanzando a paso de vencedores». Tomado de: http://www.psuv.org.ve/temas/noticias/hace-10-anos-chavez-decreto-caracter-antiimperialista-revolucion-bolivariana/ el 29/08/2014.

que hace creíble —y cada vez más difícilmente refutable— una propaganda masiva y omnipresente.

Las líneas que siguen buscan quebrar la secuencia recién descrita. Para ello hemos de tomar conciencia de la manipulación de la lengua, denunciarla e impedir su propagación, lo que implica no incurrir en prácticas similares y exigir que ellas cesen en el espacio público. De ello depende algo fundamental: quitarle el más sólido sustento que posee el relato de «guerra antiimperialista», el cual podría hacer, al falsear las relaciones causa-efecto, que la crisis actual no se revierta en beneficio de una sociedad libre, abierta y democrática, sino que afiance un régimen con intenciones explícitamente totalitarias. Quitar ese sustento en la fecha en que cierro estas líneas —septiembre de 2014— es posible: las costuras existentes entre la propaganda y la realidad se están haciendo muy notorias. En efecto, la insostenibilidad del modelo económico y la muerte de Hugo Chávez ponen severos límites al «socialismo del siglo XXI»: no hay dinero para sostenerlo y el gran ilusionista ya no se encuentra en el escenario. Por otra parte, las fuerzas que adversan internamente el relato chavista, aunque relativamente divididas, crecen, son mayoría. Además, el contexto latinoamericano actual —salvo el caso cubano— no parece inclinado a totalitarismos, aunque se encuentre plagado de tentaciones autoritarias y controladoras.

Es posible quebrar la tentativa totalitaria, hemos dicho, mas no fácil. Hemos de actuar pronto, so pena de que se asiente en corazones y conciencias un esquema generador de pobreza y servidumbre. Hemos de actuar pronto para ir de vuelta a la libertad.

LA LENGUA: RED QUE PESCA SIGNIFICACIÓN

Todos hemos visto la mirada de un bebé recién nacido: ojos alucinados ante el universo. Vive en un mundo de sensaciones e instintos. No sabe dónde termina él, dónde comienza lo otro. Su relación con el medio pasa esencialmente por las coordenadas de la biología. Se halla básicamente fuera de los significados que construyen la humanidad. Pero muy pronto las voces que oye a su alrededor habrán de adquirir sentido pleno: aprenderá a hablar. Accederá a la cultura, a la sociedad, es decir, a todo aquello que no es mera naturaleza, a todo lo que constituye lo específico de lo humano.

Es el lenguaje el descodificador esencial, el artefacto que procesa el estímulo desnudo y lo viste de significación y operatividad en el marco de una sociedad y un momento histórico dados. Vemos de manera expedita y podemos comunicar aquello de lo cual podemos hablar: eso es lo que está nítido en el foco. La lengua funciona como una red cuya pesca es la significación: lo pescado dependerá mucho de cómo ha sido hecho su tejido. Intervenir en él es clave para el poder: que la red retenga algunas cosas y deje afuera otras.

Sobre las lenguas y las distinciones que estas pueden proporcionar, surgen las culturas y sus relatos proveedores de parámetros —planos de significación, paradigmas— que permiten a los grupos resolver tanto su adaptación externa como su integración interna. Estos relatos son asimilados por sus miembros, en forma con frecuencia imperceptible, y se vuelven el catálogo de la «normalidad»: percepciones, pensamientos y sentimientos «correctos» en una sociedad y un tiempo histórico dados.

ESTABILIZAR UN RELATO TOTAL Y ÚNICO EXIGE UNA LENGUA SOCAVADA

Dado que en Venezuela la lengua no ha sido aún suficientemente desmontada, es posible, con los recursos que ella proporciona, construir relatos muy divergentes, capaces, además, de provocar masivas adhesiones. Son básicamente dos. Uno de ellos indica que los venezolanos estamos sometidos a una suerte de neodictadura con serias pretensiones totalitarias que persigue doblegarnos en lo espiritual y hacernos dependientes del Estado en lo material, actuando, en el plano internacional, aliada a fuerzas despóticas y/o mafiosas. El otro nos cuenta que nos hallamos en una dura guerra antiimperialista en contra de fuerzas rapaces, cuyo triunfo llevaría a nuestro sometimiento y explotación en el plano nacional y, a la larga, a la destrucción del género humano. Dado lo anterior, ante un mismo estímulo dos venezolanos pueden tener una posición totalmente divergente. En efecto, quien hace una larga cola para comprar un bien de primera necesidad[4], según el primer relato, está allí porque el régimen ha perseguido las iniciativas privadas, más eficientes, con el fin de erigirse en único distribuidor de los recursos para hacernos dependientes de él; pero, según el segundo, esa cola se explica porque la iniciativa privada, que solo persigue el estricto beneficio particular, acapara los bienes a fin de obtener más ganancias y generar una zozobra capaz de llevar al traste la lucha antiimperialista.

Se podría argumentar que lo anterior no tiene nada de particular. Un obrero comunista francés y el jefe de una empresa desde su despacho en los Campos Elíseos no interpretan igual que los franceses deban trabajar más años para llegar a la jubilación. De acuerdo. La diferencia estriba en que el Estado francés no persigue hacer prevalecer de forma absoluta y a costa de todos una de esas dos visiones y el Estado venezolano sí. En efecto, el régimen actual persigue construir una «hegemonía comunicacional» que bloquee la emisión de mensajes que contradigan sus parámetros de interpretación de la realidad. Pero bloquear la emisión de estos mensajes mediante expedientes como censura, represión o copando todos los medios de comunicación importantes es insuficiente. Hay que ir más allá. Se debe impedir no solo la emisión de mensajes divergentes, *sino también la posibilidad de que estos puedan ser construidos.* Solo así podría lograrse «el control de la

4 Todo el año 2014 en Venezuela, hasta el momento en que cierro estas líneas, se ha visto signado por la escasez de todo tipo de bienes, incluyendo los de primera necesidad. Ello provoca colas en cualquier sitio «al que haya llegado la mercancía».

orientación política, social, económica y cultural de la nación», perseguido explícitamente por el *Plan de la Patria*[5]. Y para ello hay que socavar la lengua.

SOCAVAR LA LENGUA EXIGE CONTROLAR EL ESTADO

Para socavar la lengua hay que ampararse del Estado a fin de apalancarse suficientemente. Este objetivo ya ha sido cumplido a plenitud: en el momento en que escribo estas líneas, todas las instancias del poder a nivel nacional, así como las instituciones clave (Banco Central de Venezuela, Petróleos de Venezuela) se encuentran alineadas con el poder chavista. A partir de allí ha comenzado el asalto más duro al que ha sido sometida la conciencia de los venezolanos a fin de crear una nueva «normalidad» en la que el ciudadano se transforma en soldado y la libertad en obediencia, en función de un «bien supremo»: el «socialismo del siglo XXI».

Mediante la toma del Estado, la nueva «normalidad», los nuevos paradigmas, el nuevo relato van siendo instalados mediante una propaganda masiva y omnipresente, la reducción al mínimo de todo foco de comunicación alternativo, ejercicios de censura y autocensura, adoctrinamiento. En efecto, la propaganda brota hasta en los paquetes de arroz[6]; ya no queda ningún medio de comunicación nacional y popular que ofrezca interpretaciones alternativas[7]; todos los días vemos cómo, con cada vez menor

---

5 Recomiendo la lectura íntegra de este documento. Refleja a las claras la vocación totalitaria del régimen. Puede ser bajado desde: http://gobiernoenlinea.gob.ve/home/archivos/PLAN-DE-LA-PATRIA-2013-2019.pdf. Consultado el 13/09/2014.

6 En el enlace http://www.lasaeta.net/index.php/nacionales/21023-rht podemos apreciar una foto de un paquete de arroz distribuido por el gobierno. En una ilustración se responsabiliza de la escasez a factores que lo adversan y se invita a patearlos. Consultado el 29/08/2014.

7 Desde la salida del aire en 2007 de Radio Caracas Televisión (RCTV) —canal de entretenimiento con incisos informativos— no queda ningún medio

ruido, desaparecen de todos los medios espacios y columnistas alternativos y en las escuelas comienzan a surgir contenidos inimaginables años atrás[8].

Pero la instalación de la nueva «normalidad» a través de los medios anteriores es necesariamente inestable: todavía es posible, gracias a las posibilidades de combinación que permiten los elementos de la lengua, construir contrarrelatos, interponer entre la propaganda y el mundo una interpretación distinta. Y, entendámonos, siempre lo será: la aniquilación total del pensamiento, la toma absoluta de la sociedad desde el Estado es imposible. Pero sí está claro que la lengua puede ser degradada, rigidizada, mecanizada, inclinada. Dicho en imágenes: jamás acabaremos con los ladrillos (las palabras), con el cemento (la sintaxis) ni con la imaginación para combinarlos de nuevas maneras. Pero sí resulta posible saturar el mercado de cemento de mala calidad, reducir

---

alternativo al poder que sea a la vez masivamente popular y de alcance verdaderamente nacional. Ya en medios de menor alcance, pero importantes, cabe señalar el cambio de propiedad del canal informativo Globovisión en 2013, lo cual lo ha llevado hacia una línea editorial no pugnaz. Queda así neutralizado un medio alternativo al poder de amplia difusión entre las clases medias y las ciudades. El mismo patrón parece repetirse con el diario *El Universal* —muy importante entre las clases medias y el ámbito del comercio y los negocios— hace pocos días. Hoy la voz de la oposición en el espacio público se halla reducida a las redes sociales y a medios de difusión limitada, bien sea por ser locales o por no ser verdaderamente populares, como *El Nacional*. De esta manera, a nivel de medios, las masas están expuestas prácticamente a un solo mensaje.

8 Entre ellos merece especial mención el ejemplar 377 (marzo de 2014) de la revista *Tricolor*. Vemos que esta publicación, que desde 1949 se dedicaba a la difusión de contenidos educativos para niños, ha mutado: es ahora, mediante dibujos, historietas y textos, un instrumento de adoctrinamiento de la conciencia infantil. Este número se dedica sin tapujos a la fundación del culto a Chávez. Ostenta incluso una carta en la que este, aunque ya fallecido, se dirige a los niños y que concluye así: «Una tarde del 5 de marzo de 2013 en Caracas, me fui al encuentro con nuestro Cristo redentor, con Bolívar y con mis seres queridos que un día partieron, pero mis sueños, mis luchas y mi amor por los niños y las niñas de mi Patria siguen con vida, para siempre andar correteando por los caminos donde ustedes vayan. Los amo, Hugo Rafael Chávez [firma en rojo]». Cabe destacar que *Tricolor* tiene un tiraje de 500000 ejemplares y es de distribución gratuita.

el número de ladrillos, tornarlos endebles, en fin, hacer muy difícil la erección de una muralla alta y sólida que compita con la que presenta el poder. Degradar la lengua es factible y, de ir a fondo, previene el uso —costoso políticamente— de la represión y la censura: se tornan superfluos, ya que no logra emerger el objeto al que han de ser aplicados. Y *en Venezuela, a un nivel profundo y no percibido, corre un proceso de deterioro de la lengua que contribuye decisivamente a explicar no solo que un régimen como el actual se mantenga, sino también que haya advenido*[9].

BORRAR LA ESCUELA COMO FUENTE DE DISCERNIMIENTO Y EXPRESIÓN

Socavar la lengua para dificultar la construcción de mensajes divergentes y para hacer creíbles y tolerables —o mejor, evidentes y deseados— los mensajes del poder es un imperativo para estabilizarlo con firmeza. Y un punto privilegiado para lograrlo se halla bajo control directo del Estado: el aparato educativo. En efecto, la complejidad de una sociedad urbana exige una formación lingüística que implica el dominio de la lectura, de la escritura, de

9 El deterioro de la lengua no comienza con el chavismo: este se monta en un tren en marcha y lo acelera. En mi concepto esta decadencia lingüística es una de las causas fundamentales de que los venezolanos avalaran el acceso al poder del liderazgo actual: se hallaban inermes ante la manipulación de un mago de la palabra. En el propio 1999, año clave para el proceso chavista, Francisco Javier Pérez, hoy presidente de la Academia Venezolana de la Lengua, se refería al fenómeno que nos ocupa en estos términos: «Es un deterioro que se manifiesta en la insustancialidad de la expresión, la inexistencia del estilo, la torpeza de los énfasis del lenguaje, la carencia de posibilidades de nominación, la rudimentariedad léxica, la perífrasis boba, la carencia de estructuras de lenguaje que refuercen estructuras de pensamiento, la inhabilidad simbólica, la parálisis del pensamiento y la rudeza de la descripción del mundo y de la vida. Hablar mal no es solo "hablar mal", sino también entender al mundo con torpeza y anquilosar el pensamiento en una pereza de difícil reanimación. [...]. Es un deterioro que delata la pobreza epistemológica que nos impide pensar el mundo y representarlo». El texto completo puede leerse en el artículo del autor citado en la bibliografía.

un léxico amplio y de variados patrones discursivos. *No basta, pues, la lengua que aprendemos naturalmente entre familiares y amigos*, en la cual vehiculamos afectos y cotidianidad inmediata. Hay que ir más allá para poder tener un ejercicio ciudadano informado y de cabal expresión, para trascender la gritería y las consignas. Ese más allá se obtiene de manos de especialistas, con técnicas específicas, preferiblemente a una edad determinada. El todo en un lugar llamado escuela. Cuando ella no funciona en la transmisión plena de la lengua y los alumnos no entienden lo que leen, no saben escribir con un mínimo de coherencia, se manejan entre improperios con un vocabulario básico y no logran argumentar, la mesa está servida para cualquier líder carismático que se conecte con las emociones básicas de las masas. No importa cuán quiméricos sean sus planteamientos o relatos: quien en ellas se encuentra no posee la capacidad cognitiva para desmontar la mentira y elaborar un contradiscurso. El ejercicio ciudadano pleno, racional por antonomasia, se troca entonces en adhesión acrítica, incluso fanática. Queda el terreno despejado para todo tipo de atrocidades.

Para anular a la escuela como generadora de ciudadanía no es necesario enviar tanques, ni siquiera elaborar planes muy sofisticados: basta con descuidarla. Bajos salarios, escasa o nula formación de docentes, presupuestos exiguos y, poco a poco, sobreviene la mengua. Todos los que nos hallamos activos en el aparato educativo universitario podemos dar fe de cómo la expresión oral y escrita de nuestros alumnos en los últimos quince años ha declinado y su pensamiento se ha tornado menos capaz de producir y entender matices y complejidad. Por supuesto, el régimen se niega a toda evaluación cualitativa y muestra solo una «inclusión educativa» que, de ser constatable[10], solo implicaría hallarse

10 Mariano Herrera, uno de los más solventes estudiosos de nuestra realidad educativa, dando como fuentes al propio ministro de educación y a la encuesta de juventud de la Universidad Católica Andrés Bello, constata, al contrario, un 40 % de exclusión en la educación media. Ver: http://www.

inscrito en una institución sin garantía alguna de calidad. Y los signos —necesariamente tangenciales por la opacidad del régimen— de que la calidad se halla en total desbandada son contundentes y múltiples. Basta revisar los resultados de los exámenes de admisión de las universidades que aún mantienen cierta autonomía respecto al poder[11], la participación en certámenes educativos internacionales[12], la Prueba Pisa efectuada en el Estado Miranda en 2010[13] y encuestas hechas por instituciones como la Universidad Católica Andrés Bello[14], para apuntalar lo afirmado.

---

talcualdigital.com/Nota/visor.aspx?id=105331&tipo=AVA, consultado el 30/08/2014.

11 La Universidad Simón Bolívar, por ejemplo, ha mantenido desde su fundación, para su sede de Sartenejas, un estricto examen que da ingreso a la institución. Esta prueba mide habilidades numéricas, lingüísticas y conocimiento científico. A comienzos de los años setenta alrededor del 40 % de quienes ingresaban provenían de la educación pública. En 2012, los que entran a la institución gracias a este examen —existen hoy otras vías— provenientes de la educación pública son poco menos del 3 %. Este es para mí uno de los signos más contundentes de la debacle de la educación pública, que es la mayoritaria y la única abierta a todos los venezolanos.

12 En la Olimpíada Internacional de Matemática (OIM) Venezuela, entre 100 países, ocupó el puesto 24 en 1981. Hoy ocupa el 84. A título comparativo, el único país latinoamericano que ocupa un puesto peor —92— fue Cuba. Colombia ocupó el puesto 54. En: http://www.imo-official.org/results.aspx. Consultado el 30/08/2014.

13 La prueba es administrada por la OCDE, es decir, no está bajo el control del régimen. El estado Miranda, con un gobernador adverso al régimen, quiso someterse a esta prueba a los fines de tener un diagnóstico serio de la situación y lograr así forjar políticas públicas pertinentes. Se encontró que: «60 % de los alumnos no superan las competencias básicas en matemáticas y 0 % alcanzan el rendimiento óptimo. Por otro lado, 42 % no superan las competencias básicas en lectura, y apenas 1 % sí alcanza el nivel. En global se está por debajo del promedio de los países de la OCDE, pero se está en la media de los países de Latinoamérica, a excepción de Chile, México y Brasil». En: http://www.eluniversal.com/nacional-y-politica/120718/evidencian-fallas-en-el-proceso-educativo-venezolano-imp. Consultado el 30/08/2014. Estamos seguros de que se estaría netamente por debajo del promedio latinoamericano si la prueba hubiese sido administrada en todo el país, ya que Miranda es un estado muy urbanizado y que ha hecho especiales esfuerzos en el ámbito educativo.

14 Según la Encuesta Nacional de Juventud 2013 de la Universidad Católica Andrés Bello, independiente del poder nacional, uno de cada cinco jóvenes entre los 15 y los 19 años no está incorporado al sistema educativo ni al mer-

Cuando la escuela falla en poner a la población en posesión de una lengua que le permita informarse y expresarse, las personas solo pueden seguir las pautas lingüísticas que les proporcionan su entorno habitual o los modelos disponibles en el espacio público. Como vimos, por limitarse al campo de los afectos y de la resolución de problemas inmediatos, el entorno habitual no suele proveer lo necesario para la participación del ciudadano en los asuntos públicos. En efecto, no son ni el vocabulario ni los patrones discursivos que utilizamos con los amigos en un bar, por más adecuados que sean en ese contexto, los que nos servirán para formarnos y expresar una posición documentada y pertinente sobre una reforma constitucional, un aumento de precios o qué es verdaderamente el capitalismo. Así, *el ciudadano común, abandonado por la fábrica de discernimiento y expresión que debe ser la escuela, solo puede remitirse a aquello que encuentra como modelo de participación política en el espacio público: textos, propaganda y, sobre todo, líderes que dicen abogar por sus intereses, ser su voz.* Ahora bien, los modelos allí planteados se alejan escandalosamente de lo que debe ser la toma de palabra en un escenario democrático. Veamos por qué.

LA TOMA DE PALABRA CON TALANTE DEMOCRÁTICO

Quien toma la palabra con talante democrático en el espacio público sabe que su opinión es apenas una perspectiva posible que, en un libre debate, puede ser aceptada, descartada, modificada o completada. Sabe también que de ello puede surgir algo distinto y mejor. Para que su palabra tenga base, se ha documentado, conoce de qué va a hablar. Su tema, al no ser de la llana coti-

cado de trabajo: rotunda exclusión. En: http://proyectojuventud.ucab.edu.ve/wp-content/uploads/2014/04/boletin-4-final.pdf. Consultado el 30/08/2014.

dianidad, requiere comprensión de lectura de textos que revisten cierta complejidad: están escritos en patrones discursivos distintos a los de la diaria oralidad. En efecto, utilizan un vocabulario diverso y más amplio, tienden más a la argumentación que a la narración, su concatenación lógica es más ajustada. Llega después, conocimiento en mente, al momento de la expresión pública. Para que su palabra sea apropiada, se aleja de las muletillas y suprime los improperios-muletilla[15] que suelen acompañar nuestra oralidad íntima: ellas en este contexto solo son ruido y no suelen atraer razonamiento claro y cohesivo, imprescindible aquí, sino caos y dispersión. Debe, además, tener la habilidad de argumentar con claridad y más soltura que en un texto escrito: de otra manera no será comprendido y aburrirá. Sus palabras serán escogidas con cuidado para señalar con precisión lo que le ocupa. Y, por supuesto, se alejará del insulto, la procacidad y sus alrededores, a fin de mantener el debate abierto y sin perturbaciones.

No es entonces democrático el tono del debate público en la Venezuela actual. Quienes toman la palabra para defender el «socialismo del siglo XXI» lo hacen —cínica o genuinamente— alegando poseer la verdad y, por lo tanto, nada tienen que discutir, so pena de incurrir en una falta moral o en traición. Así, por un lado, traidores son quienes abandonan sus filas; por el otro, quienes nunca se han incorporado a ellas y las adversan son fascistas o gusanos: expulsados quedan de la honrada ciudadanía y de la propia humanidad. Todo lo anterior justifica ampliamente la represión y la exclusión. Implica igualmente, ya en un plano verbal, que ante el otro no hace falta indagar ni elaborar finas argumentaciones[16]: la esencia de la verdad está descubierta y solo

15 Nos referimos a vocablos como «güevón(a)» y «marico(a)», que saturan la oralidad venezolana a esta fecha.

16 Así, el entonces teniente, hoy capitán, Diosdado Cabello, presidente de la Asamblea Nacional, impuso la aprobación del Plan de la Patria, que, por su importancia e inconstitucionalidad ameritaba juicioso debate, diciendo cosas como: «Esto se va a aprobar por la sencilla razón de que es un plan propuesto

hay que aprendérsela e imponerla. Implica también una suerte de permiso para dar rienda suelta a la procacidad y los improperios, ya que no merecen respeto quienes se hallan en la más baja escala[17]. *Procede arrollar insultando para pulverizar al otro*: imposible imaginar un comportamiento más divorciado de la construcción conjunta de soluciones en democracia y de un efectivo ejercicio de ciudadanía.

LA RENTABILIDAD POLÍTICA DEL PSEUDOHABLANTE PÚBLICO

¿Por qué expone el régimen a la población a estos modelos? Porque le *es muy conveniente dar una sensación de inclusión de todos en el poder trasladando una lengua propia de la oralidad cotidiana íntima, dominada por todos, a las más altas instancias* de gobierno. Quien ve nada más y nada menos que por televisión a un importante diputado en la mismísima plenaria de la Asamblea Nacional dando con voz destemplada un discurso descosido y rebosante de insultos y procacidad[18] entiende que se puede ascender a la cumbre sin operar cambio alguno. No hace falta formarse, ni estudiar: bastan la audacia y la lealtad al poder.

---

por Chávez». En: http://www.el-nacional.com/politica/Asamblea-Nacional-Plan-Patria-convertirla_0_311969017.html. Consultado el 30/08/2014.

17 Para calibrar lo señalado, vale la pena recordar cómo Chávez en febrero del 2012 recibió la candidatura de Capriles a la presidencia. Dijo que lo iba a «pulverizar», que era un «majunche», un «gallito muerto». Le expresó: «Tienes rabo de cochino, orejas de cochino, roncas como un cochino, entonces eres cochino». En: http://www.lanacion.com.ve/nacional/chavez-dice-que-va-a-pulverizar-a-capriles/. Consultado el 30/08/2014.

18 Nos referimos a una intervención de Pedro Carreño, jefe de la bancada parlamentaria del partido de gobierno, quien, en agosto de 2013, utilizó en su intervención en el hemiciclo palabras como «choro», «capo», «eunucos», «vago», «malandro», «enchufao» (refiriéndose a persona que practica el sexo oral), «maricón» y expresiones como «tener bolas», «es problema de ellos lo que hagan con su culo», entre otras. En: https://www.youtube.com/watch?v=22qCy899h0c. Consultado el 30/08/2010.

Ello plantea múltiples beneficios para estabilizar el régimen. El primero, la sensación de inclusión. El segundo, el afianzamiento de una tosquedad conceptual que, bien encausada por la propaganda y el adoctrinamiento, torna difícil el cuestionar el relato del «socialismo del siglo XXI». Quien se encuentra de lleno en esta telaraña, puesto ante todas las evidencias de una gestión calamitosa, replicará que ello es consecuencia de la «guerra económica» y que «tenemos Patria»[19]: el taponamiento cognitivo se ha consumado.

La pseudolengua que invade el espacio público tiene dos fuentes principales. La escuela degradada, por supuesto. Cuando de allí proviene, el hablante no opta por ella: sencillamente no posee otra. Quien en la pseudolengua está puede ser presa de cualquier flautista de Hamelin que pase a su lado. Pero la segunda es particularmente perversa: se trata del hablante perfectamente capaz y formado que elige encanallarse. Sabe que al hacerlo no «empodera» a nadie que no sea él mismo. En efecto, su forma de hablar no modela para la generación de un esquema viable y sustentable, fruto de un liderazgo responsable, capaz y generador de valor, sino para golpes de Estado, aventuras políticas, improvisaciones económicas que solo pueden estabilizarse mediante la represión o, mucho mejor, la degradación cognitiva de las masas que sus modelos verbales propician. Por lo tanto, *quien opta consciente-*

19 Hugo Chávez insistió en esta expresión hasta en su última intervención pública: https://www.youtube.com/watch?v=72riHaBC_Mg. Ella ha pasado a los labios de los venezolanos en forma masiva. Quien defiende el régimen, la pronuncia muy en serio. No importa qué adversidad esté sufriendo, lo importante es que «tenemos Patria». Al contrario, en labios de quienes adversan el régimen esta expresión ha de leerse en clave irónica. Esto ha irritado sobremanera a jerarcas del régimen. Así, Diosdado Cabello declara: «Ellos se burlan diciendo, cada vez que hay un problema, "Sí, pero tenemos patria". ¿De quién se burlan cuando dicen tenemos patria? Del Comandante Chávez, que vino el 8 de diciembre a decir, con sus dolores a cuestas y su enfermedad a cuestas: "Que nadie se equivoque, ahora tenemos patria". Patria para nuestros hijos, patria para siempre. [...] Cada uno de nosotros tiene que ser cada día más radical». http://informe21.com/hugo-chavez/cabello-la-frase-tenemos-patria-es-una-burla-a-chavez-video. Consultado el 05/09/2014.

mente por una expresión inadecuada en el espacio público comete no solo, a todas luces, una falta moral, sino también, de aspirar a la democracia, una falta política[20], ya que la participación ciudadana efectiva pasa por una posesión cabal de la lengua.

COLECTIVISMO ARCAICO, ENDÓGENO, MILITARISTA: EL RELATO DEL PODER

Escuela desmontada, modelaje inadecuado por diseño o por incapacidad, el resultado está allí: una lengua degradada que beneficia al poder y torna «verdad evidente» el relato que de él emana. Examinemos ahora primero el relato en cuestión[21] y veamos luego cómo se ha manipulado la lengua para que este tienda a volverse la nueva «normalidad».

Todo comienza en un paraíso precolombino cuyos habitantes vivían en concordia, solidaridad, plena armonía con la naturaleza y respeto de los dioses. Esta idílica etapa se vio brusca-

---

20 Deseo reforzar lo señalado con esta cita de Luis Barrera Linares, al día de hoy vicepresidente de la Academia Venezolana de la Lengua: «[...] eso de que las palabras se las lleva el viento es una falacia, una ficción. Hablada o escrita, con la palabra se generan formas de comportamiento. Como hablantes, todos somos responsables de ello, pero si ocupamos posiciones de liderazgo, la responsabilidad es mayor. Porque en ese caso somos *hablantes públicos*. Nuestras palabras tienen incidencia en el colectivo que las escucha y las procesa. De manera que, en algunos casos, los otros podrían actuar de acuerdo con nuestras directrices, con nuestra materialización lingüística. Si somos hablantes públicos irresponsables, podría serlo también la actitud de aquellos que (voluntaria o involuntariamente) nos "miran" como modelos de hablantes ideales. No importa en qué lado del circuito dialógico o ideológico estemos». Extracto de la obra del autor citada en la bibliografía.

21 Este relato ha recibido múltiples análisis. En mi conocimiento, el más brillante y completo ha sido hecho, además en regia escritura, por Ana Teresa Torres en *La herencia de la tribu*, de imperativa lectura para quien se interese por este tema. Si bien no pretendo recoger en las líneas que siguen lo por ella expresado, dejo constancia de que sus ideas me han dado muchísimas luces sobre el relato del poder que pretende regirnos. Cabe mencionar aquí también una obra clave para entender los mitos que nos afectan: *Del buen salvaje al buen revolucionario,* de Carlos Rangel.

mente cerrada por una banda de genocidas barbudos malolientes cuyo objetivo era arrasar con todo en beneficio propio. Durante los tres siglos de su dominio no se vio otra cosa que exterminio, esclavitud, expolio y violación. No hubo avance alguno. Al contrario, todo fue una larga noche de martirio en la que, a fuego lento, se forjó la formidable raza de libertadores que habría de dar al traste con el Imperio español, epicentro de la ignominia en el mundo. Irrumpen, pues, Bolívar y los patriotas en la historia para cubrir de gloria y justicia nuestro gentilicio, amén de fundarlo. Entre batallas, trincheras, proclamas, lanzas, discursos, fusiles, banderas y cornetines, emerge el genio político y militar, el coraje sin límites y el desprendimiento absoluto que terminan por expulsar de estas tierras a una raza maldita: los españoles. Sin embargo, una vez cumplida la magna tarea, las fuerzas oscuras mutan sus máscaras y reaparecen. En efecto, debajo de los espectrales antifaces ya no se ocultan rostros españoles, no. Ahora son ingleses y, por supuesto, estadounidenses, todos ellos aliados a sus lacayos locales, traidores apátridas abocados a la vileza y la ruindad. Todos indignos, desde José Antonio Páez en adelante. Apenas Zamora, Cipriano Castro, las guerrillas de los sesenta y alguno que otro héroe aislado se salvan de la debacle republicana explotadora del noble pueblo. Merece especial mención, por ser particularmente corrupta, perversa y entregada al imperialismo, la etapa abierta con el Pacto de Puntofijo[22], arreglo de civiles que consagra la dominación de los EE. UU. y de una abyecta oligarquía local. Ese capítulo abominable termina por rebosar el vaso: el pueblo despierta en los disturbios caraqueños del 27 de febrero

22 El Pacto de Puntofijo, suscrito tras la caída del dictador Marcos Pérez Jiménez en el año de 1958, buscaba unidad nacional, dar una base política ancha y sólida a la democracia que pugnaba por surgir. Lo firmaron los principales partidos venezolanos. No fue incluido el partido comunista. Hemos decidido adoptar la grafía Puntofijo, en lugar del Punto Fijo, ya que Puntofijo era el nombre de la quinta, propiedad de Rafael Caldera, donde el pacto fue suscrito. Se hace alusión a este lugar y no a Punto Fijo, población del estado Falcón.

de 1989 generando una onda expansiva que llega a los cuarteles. Los soldados, noble pueblo en armas, corazón de la Patria, bajo la conducción de un liderazgo esclarecido, oyen el llamado y se rebelan contra el orden burgués el cuatro de febrero de 1992. En esa fecha, Hugo Chávez Frías asume su responsabilidad ante la historia y retoma la espada de Bolívar, que yacía abandonada, para transformarnos en permanentes guerreros en contra del imperialismo en todas sus formas hasta llegar a la soberanía plena, una Latinoamérica unida y la salvación de la Humanidad toda. La muerte física del líder de esta etapa, en nada la interrumpe: la lucha sigue y Chávez, Comandante Eterno, vive y desde el Cielo nos vigila y protege junto al propio Cristo[23].

LOS RENDIMIENTOS POLÍTICOS DEL RELATO DEL PODER: «PERO TENEMOS PATRIA»

Todo comienza con una etapa —la precolombina— a todas luces irreal. No existen ni han existido comunidades humanas que vivan en tan idílico estado. Estamos aquí ante una proyección del mito europeo del buen salvaje. Ni más ni menos. La naturaleza humana es más compleja, dinámica, cambiante. Pero ello no importa. De lo que se trata es de conectar con la sensación de que nuestras raíces auténticas —exclusivamente indígenas— son puras y buenas, de pensar que el Cielo en la Tierra es posible, que quizás hacia allí podamos volver, siempre que logremos reconectarnos con nuestros prístinos orígenes. Instalada la creencia de que los hombres pueden encarnar la bondad absoluta, se abre la

23 Una síntesis gráfica perfecta de este relato la encontramos en la contraportada del número 377 de la revista *Tricolor*, al cual ya nos hemos referido. En ella apreciamos, en profusión de charreteras, a Bolívar que, sonriendo y mirando a los ojos a Chávez, le entrega su espada. El todo se da bajo la mirada de Cristo, cuyos ojos amorosos se dirigen también a Chávez, y cuyas manos, apoyándose sobre las espaldas del uno y del otro, los cubren, protegen y unen.

puerta a ideologías totalitarias, a la forja del «hombre nuevo», a la legitimidad de arrollar o suprimir al otro en nombre del bien y la verdad.

Persevera el desatino del relato, al ingresar en la etapa siguiente, en un simplismo radical: los santos indígenas son atacados por los demonios españoles. Comienza la primera confrontación entre el bien y el mal en tierra venezolana. Se pasa por alto que España nos dio la fe que hoy profesamos mayoritariamente, la lengua en la que escribo estas líneas, ciudades, universidades, instituciones. Se obvia que España construyó un mapa —Hispanoamérica— que hizo que quienes vivían separados y sin conocerse hoy se consideren semejantes y con una cierta comunidad de destino. Se sostiene que con España no tenemos nada que ver, que es un cuerpo ajeno, invasor. El todo constituye un acto de automutilación de trágicas consecuencias... pero de gran utilidad para el relato del poder. En efecto, por un lado, reafirma la existencia de los buenos absolutos y el anhelo de retorno al paraíso, reabonando así el terreno para las siempre totalitarias utopías, y, por el otro, al indicar que lo bueno está ligado a la pertenencia precolombina, nos separa de la herencia de Occidente, clave para la construcción de la democracia y la libertad, a la par que le da al régimen una suerte de patente de corso ante la comunidad internacional para acometer, en virtud de una legitimidad «endógena», toda una serie de acciones y construcciones liberticidas «soberanas», que bajo ningún concepto deben estar sometidas a «injerencia» extranjera[24].

El tercer asalto de esta pelea —la separación de España— es, de

24 Cabe destacar que el primer gran objetivo del Plan de la Patria es garantizar la «irreversibilidad de la soberanía nacional». Insiste en el «principio de la igualdad soberana de los Estados y el principio de no injerencia». A primera vista, nada objetable. Pero muchos consideran que, sencillamente, lo que se busca es tener manos libres al máximo para implantar el «socialismo del siglo XXI». En este sentido, inquieta la salida de Venezuela de la Corte Interamericana de Derechos Humanos y el ataque a otras instancias internacionales y ONG que sobre este sensible aspecto se ocupan.

nuevo, un combate entre el bien total, encarnado en los Patriotas, y el mal absoluto, encarnado en los Realistas. En ningún momento se juzga si la pequeña élite que promovió la guerra lo hizo en función de intereses propios muy tangibles, amén de estímulos de todo tipo provenientes de Inglaterra, potencia empeñada en acabar con el Imperio español. Para nada se evalúan los costos: la población de Venezuela pasa de 1807 a 1820 de un millón de personas a quinientos sesenta mil en medio de un panorama de violencia, hambrunas, desolación. No se aprecian las consecuencias de la automutilación que implicó el cortar en términos tan pugnaces con la fuente que, al legarnos código lingüístico y religión, es la que más ha aportado a nuestro ser nacional. No se ponderan las implicaciones de fragmentar lo que era uno en veinte países relativamente impotentes: las «republiquetas» y «gobiernitos» a los que el propio Bolívar llegó a hacer alusión. ¿No podríamos, visto serenamente desde hoy, calificar a los políticos que llevaron ese proceso como irresponsables e incompetentes o, por lo menos, humanizar su gesta salpicándola de zonas grises y claroscuros? ¡De ninguna manera! Estaría en juego la base fundacional de la gloria militar, tan útil para el régimen. La idea es que veamos en esta guerra la más palmaria demostración de la ferocidad y abyección del enemigo, así como del valor y sacrificio sin límites de los patriotas. La idea es percibir esta confrontación como apocalíptica y purificadora, y a Bolívar y su oficialidad como superhombres, semidioses que logran prevalecer ante el más formidable enemigo. Se mantienen así incólumes las tajantes dicotomías y el anhelo de recuperar paraísos perdidos, tan fértiles para cosechar totalitarismos. Se ancla la certeza de que allí está nuestro máximo rendimiento histórico, nuestra cima heroica. Esto es vital para el poder hoy instalado en Venezuela: hacernos sentir como algo evidente que *lo mejor de nosotros surge en el escenario de la guerra y bajo mando militar*. No es de extrañarse entonces que la fase siguiente, sea, por decir lo menos, decadente.

Consumada la separación de España, evidentemente, no regresamos al paraíso. Pero tampoco es el período republicano ese desierto de virtudes que se nos ha querido imponer. Con especial énfasis y saña, por supuesto, al referirse a la democracia dirigida por civiles. Con todos sus altibajos, y muy en especial desde la muerte de Juan Vicente Gómez, la democracia, la modernidad y lo civil comienzan a darle un giro a un país que durante la década de los 60 del siglo XX osa retar —con éxito— nada menos que al comunismo internacional, encarnado en las guerrillas castristas, al militarismo criollo, siempre listo para dar un zarpazo, y a la preferencia de los EE. UU. por tener como aliados en su hemisferio en la Guerra Fría a dictaduras de derecha. También se acometen en este período significativas reformas educativas, avances en sanidad y acceso masivo a servicios públicos. Surge como nunca antes la clase media, base de toda sociedad democrática. Y, lo más disolvente para el relato del régimen: *mandan los civiles, prolifera la pluralidad y Venezuela se integra a un mundo globalizado*. De allí la ferocidad con que el régimen ataca el período democrático. Apréciese la magnitud de la ruptura: los militares obedecen a los civiles, se banalizan, quedan cada vez más relegados al cuartel; circulan multitud de visiones para explicar los fenómenos; la importancia del individuo adquiere contornos más nítidos y toda valoración extrema de lo autóctono es apreciada con sano escepticismo. Peligra el mesianismo militarista endógeno y colectivista. Hay que acabar entonces con un relato civil que, trabajosamente, surge. Todo vale para suprimirlo: desde los golpes de Estado clásicos[25] hasta el asalto a las conciencias.

Dada la glorificación de la independencia, el asalto se facilita: se trata de activar un marco de guerra y un liderazgo militar, ya instalado en nuestras mentes[26]. Hacerlo presente. Traer el siglo XIX

25 Nos referimos a los cruentos intentos de golpe del 4 de febrero y 27 de noviembre de 1992, llamados, «rebeliones» o «actos de rebeldía militar» en los textos del régimen destinados a propaganda y educación.

26 En efecto, el chavismo encuentra el relato ya instalado, listo para hacer el empalme entre independencia y revolución bolivariana. Por ello, Ana Teresa Torres escribe: «La gloria de la Independencia, siempre dominante en nuestro imaginario, extiende su sombra de presente perpetuo. Como quiera que

al XXI, por más disparatado que esto resulte desde un mínimo de sensatez[27]. De esto se trata la «Revolución Bolivariana». En efecto, al transmitir la sensación de guerra y estar liderada por militares, nos lleva de regreso al apogeo heroico tras el cual, ahora sí, llegaremos al paraíso. ¿Exagero? Oigamos al propio Chávez: «El cielo, el paraíso se llama el Socialismo. El camino a la igualdad, al paraíso, al reino del ser humano»[28]. Se atan aquí todos los cabos. Se capitaliza todo lo anterior: los malvados son vencidos al fin del recorrido heroico y adviene la felicidad, el fin de la historia. Ahora bien, la realidad es que en Venezuela no han sido canceladas las miserias ni las dependencias ni la concentración del poder. Al contrario, se han acentuado, como veremos claramente al final de estas líneas. La realidad es que *todo no es más que la restauración del liderazgo militar, el intento de suprimir la pluralidad, el afán de aislar a Venezuela de los centros de más libertad y dinamismo económico.* Pero la realidad es también que, a causa del relato arcaizante que hemos estado analizando, un régimen que hace agua por todas partes, se mantiene en el poder. De allí que sea crucial para él blindar el relato.

MANIPULACIÓN DE LA LENGUA: BLINDAR EL RELATO DEL PODER COMO NUEVA «NORMALIDAD»

Recapitulemos. Hemos visto el relato del régimen, cuán irracional es y cómo beneficia, por las percepciones que cimienta, la

avancemos, el pasado nos espera. El futuro siempre será, paradójicamente, pretérito. Un tiempo heroico, plagado de guerras, revueltas y asonadas [...]».

27 Remito a la cita de Colette Capriles que coloqué en el epígrafe y al artículo que la contiene, el cual encontrarán en: http://www.el-nacional.com/opinion/Imprediciendo_0_329367151.html. Consultado el 31/08/2014.

28 En: http://www.debatesocialista.com/index.php/discursos/297-noviembre-200976/505-discurso-del-presidente-hugo-chavez-i-aniversario-del-lanzamiento-del-satelite-simon-bolivar-29-de-octubre-de-2009. Consultado el 08/09/2014.

estabilidad de un sistema que busca controlar la sociedad. Hemos indicado que este relato circula, como mensaje público cada vez más hegemónico, gracias al control del aparato del Estado. Examinemos ahora cómo se ha manipulado la lengua en la emisión de mensajes para que este relato tienda a volverse la nueva «normalidad», los lentes a través de los cuales, sin estar conscientes de ello, interpretamos la realidad.

La lengua se construye combinando sonidos para construir sílabas, sílabas para construir palabras, palabras para construir frases y oraciones, frases y oraciones para formar un discurso. No resultando muy útil la intervención del poder a nivel de sonidos o sílabas, el primer plano de manipulación se da a nivel de las palabras.

La primera tarea consiste en reducir su número. Se abona así el terreno de una rudeza intelectual que impedirá distinguir los matices capaces de darnos todos los tonos necesarios al libre discernimiento y la plena expresión. Se dirige y estrecha la percepción. Para lograrlo es fundamental saturar el espacio público de hablantes deficitarios y de hablantes manipuladores, así como de mensajes de vocabulario acotado, lo cual está totalmente al alcance de un Estado que ha copado los medios nacionales y se halla férreamente alineado con el poder. Resulta también clave una débil comprensión de lectura, ya que esta, al introducirnos en textos de expresión más exigente, puede ser una mina de palabras nuevas que nos lleven a más belleza y precisión. El naufragio de la escuela, espacio irrenunciable para este aprendizaje, apuntala con cruel firmeza la reducción de la disponibilidad léxica.

Otra tarea en esta manipulación de las palabras consiste en ponerles una suerte de camisa de fuerza para rigidizar su significado a fin de inclinarlas a plenitud hacia la producción de percepciones y sensaciones que beneficien el relato del poder. Un medio para hacerlo deriva de seleccionarlas cuidadosamente y saturar el medio público con ellas habiéndolas asociado de forma suficiente con contextos que las impregnen de la carga deseada. Como ejemplo de impregnación negativa vemos cómo cualquier vocablo relacionado con la noción de individuo es colocado en contextos que lo relacionan con vileza, ruindad, egoísmo, degeneración, abyección[29]. Como ejemplo de impregnación positiva apreciamos cómo cualquier palabra asociada con revolución o socialismo es ubicada en un medio que la vincula a bondad, amor, desprendimiento, generosidad, coraje, sacrificio, ética[30]. Como ejemplo de impregnación nueva vemos cómo la palabra «bolivariano» se ha vuelto sinónimo de chavista.

A veces la tarea es tapar palabras con otras. Ocultar. Así, la noción de abastecimiento saturando el espacio público busca tapar todo lo relacionado con escasez y racionamiento. En efecto, no es lo mismo decir «tarjeta de abastecimiento seguro» que «libreta de racionamiento». No se siente igual. Asimismo, la omnipresente noción de guerra, a la par que alienta la supremacía de lo militar, busca tapar una amplia gama de fenómenos que, de otra manera, serían asociados a la simple incapacidad gubernamental. Se hace cola porque estamos en una «guerra antiimperialista». De esta manera, las penurias de los venezolanos se desvían de los responsables del poder hacia aquellos que lo adversan[31]: el dividendo político es contundente.

Siendo base del relato del poder la división entre extremos antagónicos y excluyentes, resulta fundamental saturar el espacio público con los vocablos adecuados para designarlos. Aquí es clave la noción de patria. Es «patriota» el revolucionario, el chavista, el socialista. Como patriotas eran quienes lucharon junto a Bolívar. Son por lo tanto su descendencia, sus herederos, los

29 Impregnación negativa sufren también las palabras asociadas a propiedad, negociación.

30 A impregnación positiva son sometidos los vocablos asociados a chavismo, colectivo, militar.

31 En el mismo sentido, expresiones como «poder popular» o «gobierno de calle» ocultan un poder cupular; otras, como «contraloría social», tapan despilfarro y corrupción; «retenido» oculta a «secuestrado» cuando Telesur habla de las FARC; «conciencia» se refiere a la adhesión acrítica a las tesis del poder.

que retoman su espada para guerrear contra el imperialismo de turno. Solo ellos tienen la legitimidad —y la obligación— política y moral para dirigir. Es «apátrida» el otro. No pertenece a la patria. Merece ser pulverizado. Como esto, por ahora, no está planteado en el plano físico, hay que consumarlo en la palabra, de manera tal que su sola mención provoque aversión rotunda. Así, el otro es ubicado siempre en contextos en los que ronda la entrega a poderes extranjeros —«pitiyanqui», «cachorro del imperio»— doctrinas políticas abyectas —«fascista»— o el reino animal en un rango que suele no alcanzar el de mamífero o siquiera vertebrado —«parásito», «gusano»—. Peligroso ejercicio este de deshumanizar al otro: puede ser el preludio de una violencia física sin escrúpulos. No debe ser tolerado en forma alguna.

Siendo fundamental para el relato del poder la primacía de lo militar, conviene saturar el espacio público de términos vinculados a esa esfera, de manera tal que calcemos en una relación superior-subordinado, mando-obediencia. Ello encaja perfectamente con la concepción de patriotas en guerra permanente, afianza al sector militar y el anhelo por «hombres fuertes», a la par que debilita a los siempre revoltosos e impredecibles civiles. De esta manera nos hallamos ante un verdadero alud de términos como: mando, comando, comandante, batalla, guerra, brigada, ofensiva, contraofensiva, tropa, soldados… ¡Se llega incluso a hablar con toda seriedad de «Estado Mayor» eléctrico, de salud, de vivienda! La lengua nos mete lentamente en una sociedad-cuartel, nos la hace tolerable, busca hacérnosla incluso apetecible. Se trata de que dejemos de ser ciudadanos de una sociedad abierta y democrática para volvernos tropa en un cuartel cerrado[32].

El régimen totalitario clásico comprende ideología, control policial, monopolio de la comunicación y de las armas, una economía centralizada y un partido único a cuya cabeza se encuen-

32 La influencia de lo militar llega a tal punto que Nicolás Maduro, civil, usa con frecuencia camisas con una suerte de charreteras.

tra un solo hombre. El régimen ha avanzado, se ve, muchísimo en todas estas líneas. Ahora bien, su cabeza murió. Como se trataba de alguien particularmente carismático, no se ha contemplado su sustitución[33]. En realidad el chavismo —su propio nombre nos lo indica— es tan personalista que el reemplazo es imposible. Se ha tratado más bien de generar la sensación de que Chávez, aunque en el más allá, está vivo y de que quienes ocupan el gobierno se limitan a acatar su legado —el Plan de la Patria— por lo cual reciben signos de aprobación desde la otra vida[34]. Para dar esta sensación, se ha actuado colocando, en impresos, vallas y grafitis, la mirada de Chávez[35] que nos protege —¿o vigila?— desde el Cielo, en el cual se encuentra, tal como se plantea en animaciones[36] y dibujos. En el plano propiamente lingüístico, esto ha recibido un espaldarazo que no se limita a la consigna «Chávez vive, la lucha sigue» o a llamarlo «gigante», sino que, en acto inconcebible estando el líder en vida, lo emparenta explícitamente con Bolívar —es el «Libertador del siglo XXI»— y con la divinidad misma —«Padre», «eterno», «supremo», «Cristo redentor de los pobres»—. De esta manera, no solo se salva el escollo de la muerte, sino que se eleva a Chávez, literalmente, a los altares, se

33 Así se puede apreciar cómo en los libros y publicaciones que se entregan a los escolares, el organigrama del Estado aparece encabezado por Hugo Chávez Frías en su carácter de «Comandante Supremo de la Revolución Bolivariana». Nicolás Maduro aparece apenas en segundo lugar.

34 Maduro indica: «Les voy a confesar que por ahí se me acercó un pajarito, otra vez se me acercó y me dijo (...) que el comandante (Chávez) estaba feliz y lleno de amor de la lealtad de su pueblo», en: http://www.elmundo.com.ve/noticias/actualidad/politica/video---maduro-dice-que--un-pajarito--se-le-aparec.aspx. Consultado el 28/08/2014.

35 La mirada de Chávez puede incluso descargarse por internet para imprimirla en ropa en: http://www.olabolivariana.org.ve/galeria/mirada-chavez/#.U_fADfl5MZo. Consultado el 28/08/2014.

36 Según el video animado disponible en https://www.youtube.com/watch?v=ZiM27ItOe34, Chávez llega al Cielo, donde es recibido por Allende, Bolívar, Sandino y el Che Guevara, entre otras figuras históricas. Consultado el 28/08/2014.

torna objeto de culto[37]. ¿Busca incluso el chavismo pasar de ideología a fe? En todo caso han llegado hasta reinventar el padrenuestro[38]. Muy grave, porque cuando la fe pasa al espacio político, la tolerancia no puede sino desaparecer sin debate: ante una verdad revelada no hace falta demostración alguna. Malos signos para el debate racional.

Reducir el léxico, dirigir las palabras hacia lo positivo o lo negativo, cambiarles el significado, hacer que oculten, que destruyan al otro, que militaricen la sociedad, que endiosen a un hombre: es mucho lo que se puede hacer manipulando los vocablos desde un férreo control del poder. Pero no es suficiente. Se puede lograr más aún impidiendo la constitución de un contradiscurso o dificultando su construcción. Recordemos que con las palabras formamos frases y oraciones, y, uniendo estas últimas, un discurso. Las palabras son ladrillos, dijimos; el discurso, el cemento que las ata. Si la población no logra acceder a este nivel, el relato del poder no puede encontrar contrarrelato, no halla alternativas ni

---

37 En este sentido, recomendamos la lectura de esta nota de prensa: http://www.ultimasnoticias.com.ve/noticias/actualidad/politica/busto-de-chavez-ya-esta-en-los-altares.aspx. Consultada el 28/08/2014.

38 En III Congreso del Partido Socialista Unido de Venezuela, en la sala de teatro más importante de Venezuela, transmitida en directo por televisión de alcance nacional, fue leída el 01/09/2014 la siguiente «oración»: «Chávez nuestro que estás en el cielo, en la tierra, en el mar y en nosotros, santificado sea tu nombre, venga a nosotros tu legado para llevarlo a los pueblos de aquí y de allá. Danos hoy tu luz para que nos guíe cada día, no nos dejes caer en la tentación del capitalismo, mas líbranos de la maldad de la oligarquía, porque de nosotros y nosotras es la patria, la paz y la vida. Por los siglos de los siglos, amén». Se puede ver en https://www.youtube.com/watch?v=1F8POfmWL0c#t=15. A este respecto, Tulio Hernández nos recuerda en http://www.el-nacional.com/tulio_hernandez/Dios-nacio-Sabaneta_0_478152190.html que «Kim Il-sung, el dictador coreano, se hacía llamar oficialmente "Nuestro padre celestial". Stalin, en versión más popular, era "el Padrecito". Y Leni Riefenstahl, cineasta oficial del nazismo, en *El triunfo de la voluntad*, un documental sobre el Congreso del Partido Nacionalsocialista en 1934, arma una secuencia del avión del *Führer* arribando a Nuremberg que, con música de Wagner atrás, intenta hacer sentir a los creyentes que se trata del mismísimo Dios brotando entre las nubes». Consultado el 07/09/2014.

firme cuestionamiento, *solo palabras y frases aisladas*. Así, quien disiente del poder, si aún lo logra, queda limitado a insultar, maldecir, repetir consignas, decir «me duele», y, sobre todo, se halla presto a creer cualquier explicación de sus males, por más disparatada que sea. De nuevo: sí, estoy en la cola... pero por causa de la «guerra antiimperialista».

Para coadyuvar a impedir el surgimiento de un contradiscurso, se pueden utilizar varios medios. Uno de ellos es sabotear su formación mediante insultos y groserías, deletéreas palabras que cortan todo puente. En efecto, el constante uso del insulto y la procacidad en el ámbito público por parte de quienes ejercen responsabilidades nacionales tiene pleno sentido. *Con el insulto, a la par que se amalgama a los propios y se degrada o elimina simbólicamente al otro, se corta la comunicación de raíz y, con ello, la formación de un contradiscurso*: el insultado o se incorpora al torneo degradante o se retira ofendido. De esta manera, no hay debate público con el relato del poder, y sus alternativas, al no disponer de medios de comunicación verdaderamente masivos y nacionales, quedan confinadas a espacios mínimos. Con la procacidad —ya lo hemos anotado— por estar al alcance de todos, se logra generar una sensación de cercanía y de inclusión con respecto al poder, cuando en realidad se está moldeando al incauto para que reproduzca, en situaciones que no se prestan a ello, patrones discursivos incapaces de complejidad e incisión —torpe narrativa salpicada de groserías y pseudoargumentación—. Así, queda incólume el relato del poder y el hablante en sí, debilitado en expresión y cognición, incapacitado para construir una salida de la —por lo general muy vulnerable— situación en que se encuentra[39].

Otra forma de abortar la formación de un contradiscurso consiste en debilitar la argumentación. Al tomar la palabra, conta-

39 Remitimos a la nota referida al video de Pedro Carreño.

mos cosas, describimos la realidad física, explicamos lo abstracto y argumentamos. Todo lo anterior está inextricablemente ligado en nuestro discurso y le es necesario. Pero es la argumentación el tipo discursivo más deletéreo para el régimen, ya que, gracias a ella, de manera ordenada, se dan evidencias y razones capaces de hacernos llegar, de manera consciente, a conclusiones distintas a aquellas que podemos haber asumido de manera inconsciente, léase a través de la exposición al relato del poder. No queremos en forma alguna decir que la argumentación está ausente del escenario público. Sería imposible. Mas sí se halla debilitada en beneficio de la narración. Ocurre ello especialmente en el discurso de más amplia difusión y audiencia del régimen: intervenciones orales transmitidas en cadena nacional[40]. En ellas se suele enlazar —entre pseudoargumentaciones— multitud de anécdotas que mantienen la atención del escucha —pequeñas narraciones— que dan sensación de cercanía[41] y refuerzan el relato principal del poder, a la par que dificultan su racional y ordenado cuestionamiento.

Unido al debilitamiento de la argumentación, por ser una de sus causas, corre el debilitamiento de la escritura. El régimen ha impulsado una verdadera explosión de la oralidad como forma de comunicación del poder al más alto nivel: lo que antes se daba en un escrito, hoy puede hacerse oralmente por televisión y radio[42].

40 En Venezuela se entiende por «cadena nacional» el obligar a transmitir a todas las radios y televisoras la señal que decida el Ejecutivo. A la fecha de hoy, desde 2012, Nicolás Maduro ha hecho uso de este recurso a razón de casi 33 minutos por día. En: http://monitoreociudadano.org/cadenometro/. Consultado el 30/08/2014.

41 Hugo Chávez se permitió incluso narrar un episodio de diarrea por televisión, tal como puede constatarse en https://www.youtube.com/watch?v=t-mZ8GWfX6DQ. Consultado el 28/08 2014.

42 No dudamos de que se haya requerido un acto escrito posterior, pero lo importante es la sensación de que se puede gobernar sin escribir.

Así, despidos[43], expropiaciones[44] y demás actos del poder ocurren al hilo de la voz presidencial en vivo. Este empujón adicional al debilitamiento de la escritura —siendo el principal la quiebra de la escuela— le quita al pensamiento el medio en donde se realiza con la mayor exigencia y precisión. Así, debilitar el ejercicio de la escritura es fragilizar el ejercicio del pensamiento, cuya fortaleza plena es necesaria a la hora de contrarrestar la máquina del régimen.

UNA QUIMERA: AISLARNOS DEL MUNDO HISPANOHABLANTE

Mucho le convendría al régimen que hablásemos una lengua de alcance exclusivamente nacional: su control sobre ella sería así prácticamente total. Pero la lengua que habla el 98 % de los venezolanos es la española y ella es una de las tres más difundidas en el mundo, la primera de América, amén de absolutamente preponderante en el vecindario afectivo y efectivo del país. En internet, en el mundo editorial, en el flujo de traducciones, en las industrias de la lengua y en los organismos internacionales se halla el español invariablemente entre las primeras cinco lenguas del mundo. *La lengua española pone en manos de los venezolanos una conexión inmediata con flujos y tendencias mundiales entre los que el «socialismo del siglo XXI» es apenas un relato entre muchos.* Se entiende por ello la prohibición de que algunos canales hispanohablantes sean distribuidos por cable o internet —RCTV internacional, NTN24— o la amenaza de prohibición

43 Tras el paro petrolero de 2002, Hugo Chávez despidió, con pito de árbitro y lista en mano, a gerentes clave de PDVSA, la estatal petrolera.

44 En este video se puede apreciar a Hugo Chávez expropiando en vivo inmuebles cercanos a la plaza Bolívar de Caracas. https://www.youtube.com/watch?v=jOjvJAfIMSI. Consultado el 31/08/2014.

en contra de CNN[45] o los rumores de exploraciones para bloquear Facebook y Twitter[46] o el bloqueo realizado durante algún tiempo de las imágenes de esta última[47] o incluso el que estemos de últimos en Suramérica en velocidad de conexión a internet[48]. Se entiende también —y en esto la oposición insólitamente le hace coro al régimen— la «venezolanización» de la lengua en el espacio público, en el cual solía usarse un español más bien estándar[49]. Si esto se acentuase de manera sistemática, se podría lograr un proceso de divergencia lingüística con respecto al español general en pocas generaciones. ¿Puede concebirse un proyecto más aislacionista?

¿QUÉ HACER?

La pretensión de imponer el relato del poder a través de su emisión constante, masiva y omnipresente a fin de implantar una nueva «normalidad» encuentra en la manipulación de las pala-

45 En este video https://www.youtube.com/watch?v=vidYjzmd5Xk puede apreciarse a Nicolás Maduro ejecutándola en vivo. Consultado el 01/09/2014.

46 Ver http://www.intertelevision.com/venezuela/cantv-realiza-pruebas-para-bloquear-facebook-y-twitter-en-venezuela. Consultado el 01/09/2014.

47 Ver http://www.el-nacional.com/sociedad/Reporte-Twitter-respecto-bloqueo-imagenes_0_355764560.html. Consultado el 01/08/2014.

48 «Mientras Uruguay con 20Mbps de conexión promedio y Chile, con 13,15 Mbps de conexión promedio, lideran el *ranking* de Suramérica, notamos cómo Venezuela queda abiertamente rezagada en materia de velocidad de acceso a Internet. El país promedia 1,7Mbps de velocidad promedio, la más baja de la América del Sur. Por arriba de Venezuela se encuentran Bolivia, con 1,85Mbps de velocidad promedio y Paraguay con 3,51Mbps de velocidad promedio de la banda ancha». En: http://www.elmundo.com.ve/noticias/tecnologia/internet/internet-de-venezuela-es-el-mas-lento-de-sudameric.aspx. Consultado el 05/09/2014.

49 Un ejemplo de ello es hablar de «elecciones chimbas» (fraudulentas) o de «auditorías chucutas» (truncas, insuficientes). Entiéndase bien: este fenómeno se da desde hace tiempo y es otro truco para generar sensación de cercanía. Pero las cantidades cambian las calidades: el fenómeno se da más que nunca antes. Se da, además, en el marco de un intento de instalación de un régimen totalitario. Conviene, pues, la vigilancia.

bras y el torpedeo tanto de la argumentación como de la escritura —mucho más que en la censura o la represión— su más rotundo aliado, puesto que dificulta el surgimiento mismo de discursos alternativos y propicia una suerte de taponamiento cognitivo. De allí la urgencia de recuperar cuanto antes un pleno ejercicio de la lengua.

Debemos exigir, desde ya, a todo aquel que toma la palabra en el espacio público que lo realice en términos que permitan una efectiva captación de los fenómenos y una fluida comunicación entre los diversos actores. Y denunciar inmediatamente al pseudohablante. Ser especialmente exigente con los sectores genuinamente interesados en forjar democracia. Política y ética han de llevarlos a encarnar una toma de palabra que proporcione a las masas expuestas a la rudeza conceptual, que las confina a ser comparsa de manipuladores, un modelaje diferente: uno que permita adecuación a la realidad, comunicación e inclusión real, uno que forje ciudadanía. Cabe insistir en esto, ya que en ocasiones líderes que adversan al régimen, quizás exasperados, le hacen el coro al modelaje degradante[50]. Aunque cabe destacar otros que se niegan a adoptar estos comportamientos a pesar de haber sufrido desde agresiones físicas brutales hasta insultos constantes. Han respondido, sí, con firmeza y sin medias tintas, pero sin ser arrastrados a discursos descosidos y soeces[51].

Evidentemente, cuando los demócratas vuelvan a asumir el poder, se deberá prestar una singular atención a la palabra a fin de impedir que su uso pleno y libre pueda volver a ser seriamente

---

50 Es el caso de las declaraciones de Henrique Capriles al día siguiente de la intervención de Pedro Carreño, ya citada, en la Asamblea Nacional. Dijo: «¿Me van a meter preso? Vengan, pues. ¡Que le echen bolas, no joda!», tal como puede apreciarse en http://www.el-nacional.com/politica/Capriles-meter-preso-echen-bolas_0_245375558.html. Este comportamiento lleva a Capriles al patio de Carreño y a quien los observa a pensar que en la política mandan los malandros. Ganó Carreño. La contención es difícil, pero indispensable: el líder está modelando ciudadanos.

51 Pienso claramente aquí en María Corina Machado.

amenazado. El ciudadano podrá, gracias a su trato cabal con la lengua, acceder a los conocimientos necesarios y a la expresión adecuada para cada situación en la que desee participar. Sabrá, en beneficio de la fluidez del irrenunciable debate, prestar atención y respetar al otro: es la esencia de la cortesía. Podrá expresar lo que piensa —su verdad en construcción— no solo por hallarse dotado lingüísticamente para ello, sino porque los poderes públicos protegerán la libertad. Todo lo anterior se logrará con políticas que propicien el reforzamiento contundente del aparato educativo, la existencia de focos de comunicación que alberguen y difundan posiciones muy diversas, amén del modelaje de los hablantes públicos. El otrora relato único pasará a ser uno entre otros. Se dificultará sobremanera el surgimiento de una normalidad colectivista y cuartelaria, de una explicación excluyente de toda otra. Pero no será fácil.

En el camino hacia la democracia, los hablantes públicos que la defienden deben hacer acopio de valentía: su expresión no se da en un medio libre de amenazas. También de contundente firmeza y honrada claridad. Deben, además, con ingenio y adaptabilidad, en pleno respeto de la dignidad de cada quien, *dirigirse tanto al corazón como a la inteligencia de sus interlocutores*. Convencer con afecto, sí, pero también con razones. Dando un horizonte de esperanza, ciertamente, pero que resista un análisis serio. Ni trovadores populistas, ni robots tecnocráticos. Líderes que sepan, tanto a nivel de lenguaje verbal como no verbal, poner de manifiesto su capacidad y compromiso.

EL RETO URGENTE: QUE PREVALEZCA LA PLURALIDAD

Los venezolanos nos hallamos hoy ante el reto más formidable: torcerle el camino a un proyecto con vocación totalitaria. En efecto, el Plan de la Patria indica sin ambages que la revolución bolivariana persigue «el control de la orientación política, social, económica y cultural de la nación» y «hacer irreversible el tránsito hacia el socialismo». Se entiende entonces el asalto a la palabra: se trata de recodificar las conciencias de los individuos para ponerlos definitivamente al servicio de un proyecto. Como hemos visto, han avanzado. La prueba más palmaria de lo anterior es que, a pesar de una gestión que a todas luces ha degradado la vida cotidiana de todos en todos los planos, el régimen se mantiene en el poder. Ello solo puede explicarse porque ha logrado incidir en forma suficiente en nuestros paradigmas y, por ende, en nuestra forma de interpretar lo que acontece. Así, la crisis no se revierte en forma plena en contra del responsable de la gestión; al contrario, para una porción suficiente lo que ocurre es responsabilidad de quienes adversan el régimen. Van triunfando, por ahora, las manipulaciones hechas desde el poder del Estado para posesionarse de la sociedad. Y lo acuciante de la escasez[52], la inflación[53], la inseguridad[54] y el desempleo[55] son un extraordinario incentivo para la intensificación de la manipulación desde

52 Según cifras del Banco Central de Venezuela, en marzo de 2014 el índice de escasez se ubicaba en 29,4 %. En http://www.eluniversal.com/economia/140426/bcv-reporto-que-en-marzo-la-escasez-se-ubico-en-294 . Consultado el 06/09/2014. La publicación sistemática de este índice está siendo retrasada.

53 A esta fecha la más alta del mundo —60,9 %— según *The Economist*. http://www.notitarde.com/Economia/The-Economist-Venezuela-es-el-pais-con-la-mayor-inflacion-del-planeta/2014/07/17/339388. Consultado el 06/09/2014.

54 El índice de seguridad ciudadana de Gallup, publicado en agosto de 2014, señala a Venezuela como el país más inseguro del mundo: «Solo el 19 % de los adultos dijo sentirse seguro al caminar por la noche en su barrio, mientras el 74 % desconfía de la policía local y el 22 % dijo haber sido víctima de un hurto o tener un familiar al que le robaron dinero en los últimos doce meses». En: http://www.el-nacional.com/mundo/Venezuela-seleccionado-pais-inseguro-mundo_0_468553251.html. Consultado el 06/09/2014.

55 Segundo país de América en desempleo según el INE y la CEPAL. http://www.el-nacional.com/economia/Venezuela-segundo-pais-America-desempleo_0_379162194.html. Consultado el 06/09/2014.

el poder. De hecho, solo ella, dado que los indicadores no hacen sino desplomarse, lo sostiene[56].

Lo anterior conlleva una gran fragilidad para el poder instalado hoy en las instituciones del Estado. Sumemos a ello que hoy, claramente, quienes lo apoyan son minoría[57]. Se trata entonces de, pronto, rasgar el velo, de gritar «el rey está desnudo», para hacer que el espectáculo que los ilusionistas del régimen mantienen sobre el escenario se desplome y se acabe el número de prestidigitación entre las protestas y abucheos del público. Es posible. La lengua sigue viva —el español es un idioma de rango mundial y esto dificulta el trabajo del régimen—, podemos rescatar las palabras adulteradas o extraviadas, podemos combinarlas todavía —la magia de la sintaxis— y llegar a un mensaje que restablezca una causalidad razonable para explicar nuestras penurias y abrir una perspectiva de esperanza. Pero hemos de comenzar pronto, so pena de que la interpretación del régimen se asiente, se torne «normalidad». Hemos de utilizar todo lo que queda a nuestro alcance —nuestros pies, nuestra voz, nuestra pluma, un volante, una pancarta, las redes sociales— para llegar a esa persona que, en una cola, sometido a horas de sol, comienza a adap-

56 Ello explica el brutal aumento en gastos de propaganda. Así, Moisés Naím indica: «Entre los meses de enero y agosto el Ministerio de Comunicación e Información de Venezuela ha gastado 13 veces más dinero que el año pasado. 1,7 millardos de bolívares han sido aprobados por el parlamento como recursos adicionales para el despacho de información en lo que va de 2014». En http://efectonaim.net/venezuela-la-propaganda-es-prioridad/. Consultado el 28/08/2014.

57 Alfredo Keller, quien dirige una de las encuestadoras más reputadas de Venezuela, indica el 24/08/2014: «Desde que Chávez fallece, el Gobierno ha venido perdiendo espacios sistemáticamente y hoy en día es clarísima minoría. La oposición es mayoría por defecto, porque si a 100 % le quitas 34 % que es el apoyo al Gobierno, tienes un mercado de 66 %, pero esa no es la fuerza de la oposición. La fuerza del Gobierno es 34 % y la de la oposición es de 45 %. Quiere decir que de 45 % a 66 %, hay una brecha que no está con el Gobierno, pero tampoco está con la oposición. Es decir, que hay 21 % que podemos llamar los independientes, los anómicos, los neutrales, o los Ni-Ni». Tomado de: http://www.lapatilla.com/site/2014/08/24/alfredo-keller-estrategia-populista-del-gobierno-ya-no-sirve-para-mantenerse-en-el-poder/ el 29/08/2014.

tarse al relato de «guerra antiimperialista» que hace de él un soldado obediente y agradecido por lo que el «Estado Mayor» correspondiente hace llegar a sus manos... un exiguo kilo de harina de maíz a intervalos cada vez más distantes, por ejemplo. Hemos de hacer que se entienda que la cola, lejos de ser una fatalidad, es un hecho excepcional en Latinoamérica y el mundo, en donde las personas invierten más su tiempo en producir, estudiar, recrearse y estar con los suyos. Un hecho excepcional atribuible a una política que en forma alguna puede generar abundancia o libertad, sino miseria y represión. Hemos de generar relatos que asienten un entorno en el que cada individuo, en un medio libre, encuentre circunstancias que le permitan realizar sus ideas y proyectos en un ambiente de respeto al otro y de beneficios personales y sociales. Sí, es posible soñar con ciudadanía en democracia. Sí, es posible transmitir que ese sueño es posible. Sí, es posible que la pesadilla cese. O que se asiente. Actuemos.

UN EPÍLOGO GLOBAL

Hace milenios nuestros ancestros pasan de una adaptación genética al medio, extremadamente lenta, a una adaptación cultural, rápida y fácilmente transmisible. Todo ello ocurre gracias al lenguaje. No necesitamos ya hacer que nuestras uñas se vuelvan, al cabo de milenios, garras para defendernos: concebimos y fabricamos armas que se perfeccionan en años o décadas. Echa a andar la humanidad en medio de una naturaleza no domesticada y agresiones constantes entre grupos. Sobrevivencia y guerra imponen monolítica cohesión: el individuo es férreamente subordinado al colectivo. Pasan más milenios hasta que en la civilización occidental, hace un puñado de siglos, aflora netamente una ruptura: el individuo. Alguien que está en el grupo pero es distinto a él. Alguien que posee una esfera de dignidad y autonomía merecedora de respeto. Ello implica un corte con la tradición, una incesante innovación que lleva a niveles de prosperidad antes nunca vistos, a la democracia moderna, a la globalización. Acarrea también, a nivel mundial, una resistencia arcaizante exacerbadora de identidades colectivas que hace frente al «individualismo». En esta línea se inscribe la «revolución bolivariana».

El individuo como sujeto en sociedad es un parpadeo en la historia, una construcción muy reciente. La constante de la humanidad ha sido la heteronomía, el holismo, lo colectivo arrollando al diferente, suprimiendo la libertad, imponiendo una aplastante identidad grupal: hormigas en el hormiguero. Por lo tanto, no se debe dar por descontado, como se hizo ilusamente en los años noventa[58], el triunfo de la democracia moderna. Al contrario, debemos insistir con mucha entereza en preservar y aumentar la naciente llama de la libertad en cualquier lugar del mundo. Estas líneas, escritas desde un país en riesgo llamado Venezuela, culminadas en Caracas el quince de septiembre de 2014, pretenden ser un llamado que busca alertar. Aquí se socava la lengua, cuya posesión plena dota al individuo de su fuerza. Aquí se horada la fuente más potente de la libertad. Aquí estamos impidiendo el asalto a nuestras conciencias.

58 Pienso en aseveraciones como las de Fukuyama con respecto al «fin de la historia».

BIBLIOGRAFÍA

Arráiz Lucca, Rafael. *Venezuela: 1830 a nuestros días*. Caracas: Alfa

Ávila, Raúl (1992). *Lengua y Cultura*. México, D.F.: Editorial Trillas.

Barrera, Luis y Fraca, Lucía (1999). *Psicolingüística y desarrollo del español II*. Caracas: Monte Ávila Editores

Barrera Linares, Luis (2009). *Habla pública, internet y otros enredos literarios*. Caracas: Equinoccio.

Briz, Antonio (coord.) (2008). *Saber hablar*. Bogotá: Aguilar.

Cabrera, Miguel Ángel (2001). *Historia, lenguaje y teoría de la sociedad*. Madrid: Ediciones Cátedra.

Cadenas, Rafael (1984). *En torno al lenguaje*. Caracas: Publicaciones de la Universidad Central de Venezuela.

Calvet, Louis-Jean (1997). *Las políticas lingüísticas*. Buenos Aires: Edicial.

Casalmiglia, Helena y Tusón, Amparo (2012). *Las cosas del decir*. Barcelona: Ariel.

Cooper, Robert (1989). *Language Planning and Social Change*. Cambridge: Cambridge University Press.

Crystal, David (ed.) (1997). *The Cambridge encyclopedia of language*. Cambridge: Cambridge University Press.

Dewitte, Jacques (2007). *Le pouvoir de la langue et la liberté de l'esprit*. París : Éditions Michalon.

Dijk, Teun van (1989). *La ciencia del texto*. Barcelona: Ediciones Paidós.

Echeverría, Rafael (1998). *Ontología del lenguaje*. México: Dolmen Ediciones / Ediciones Granica.

Guillebaud, Jean-Claude (1999). *La refondation du monde*. París: Éditions du Seuil.

Grijelmo, Álex (1998). *Defensa apasionada del idioma español.* Madrid: Taurus.

Grijelmo, Álex (2000). *La seducción de las palabras.* Madrid: Taurus.

Joseph, John E. (2004). *Language and Identity.* Nueva York: Palgrave.

Klinkenberg, Jean-Marie (2001). *La langue et le citoyen.* París: Presses Universitaires de France.

Kofman, Fredy (2001). *Metamanagement.* Buenos Aires: Granica.

Kramsch, Claire (1998). *Language and Culture.* Oxford: Oxford University Press.

Morón, Guillermo (2012) *Historia de Venezuela.* Caracas: Los libros de El Nacional.

Leáñez, Carlos. «La lengua: clave de inclusión y soberanía». *Papel Literario de El Nacional,* 16/10 (2004): 1.

López Morales, Humberto (2010). *La andadura del español por el mundo.* Madrid: Taurus.

Loubier, Christiane (2006). *Contribution à une théorie de l'aménagement linguistique.* Tesis doctoral presentada en la Université Laval, Quebec.

Loubier, Christiane (2008). *Langues au pouvoir.* París: L'Harmattan.

Mar-Molinero, Clare (2000). *The Politics of Language in the Spanish-Speaking World.* Londres: Routledge.

Moreau, Marie-Louise (ed.) (1997). *Sociolinguistique.* Sprimont: Mardaga.

Moreno Cabrera, Juan Carlos (2000). *La dignidad e igualdad de las lenguas.* Madrid: Alianza Editorial.

Moreno Fernández, Francisco (2012). *Sociolingüística cognitiva.* Madrid: Iberoamericana/Vervuert.

Moreau, Marie-Louise (ed.) (1997). *Sociolinguistique.* Sprimont: Mardaga.

Ong, Walter (1987). *Oralidad y escritura.* México: Fondo de Cultura Económica.

Pérez, Francisco Javier. «Deterioro de una sociedad, decadencia de un lenguaje». *Revista Debates IESA,* julio-septiembre (1999): 58-61.

Pino Iturrieta, Elías (2012). *Simón Bolívar.* Caracas: Editorial Alfa.

Rangel, Carlos (1976). *Del buen salvaje al buen revolucionario.* Caracas: Monte Ávila Editores.

Ricento, Thomas (ed.) (2006). *An Introduction to Language Policy.* Victoria: Backwell.

Spolsky, Bernard (2004). *Language Policy.* Cambridge: Cambridge University Press.

Torres, Ana Teresa (2009). *La herencia de la tribu.* Caracas: Editorial Alfa.

Viso, Ángel (1983). *VENEZUELA: identidad y ruptura.* Caracas: Alfaomega.

Wright, Sue (2004). *Language policy and language planning.* Houndmills: Palgrave Macmillan.